KU-503-550

Llyfrgelloedd Caerdydd
www.caerdydd.gov.uk/llyfrgelloedd
CAERDYDD Cardiff Libraries
CARDIFF www.cardiff.gov.uk/libraries

Ganed Roger Boore yng Nghaerdydd, ac yno mae'n byw. Mae ganddo radd yn y Clasuron o Rydychen, a PhD mewn Hanes o Brifysgol Cymru Abertawe. Yn 1970 sefydlodd Wasg y Dref Wen gyda'i wraig Anne. Mae'n aelod o'r Orsedd ac yn enillydd Tlws Mary Vaughan Jones. Hwn yw ei bumed llyfr taith; rhoddwyd canmoliaeth uchel i'w ragflaenwyr.

Llyfrau gan Roger Boore

Taith
Taith i Rufain
Taith trwy Dde Sbaen
Glas y Sierra: taith trwy ddwyrain Sbaen
Marchogion Crwydrol: taith trwy berfeddwlad Sbaen
Taith i Awstralia

Eraill
Y Bachgen Gwyllt (nofel i blant)
Llyfrau Plant mewn Ieithoedd Lleiafrifol
Ymerodraeth y Cymry (straeon byrion)

CL
ACC. No: 02933179

Taith i

Rufain

ROGER BOORE

DREF WEN

CYM
914.
5L
BOO

I'M GWRAIG

Mae'r llyfr hefyd ar gael ar Kindle.

Mae Roger Boore wedi datgan ei hawl i gael ei adnabod
fel awdur y gwaith hwn yn unol â
Deddf Hawlfraint, Dyluniadau a Phatentau 1988.

© Roger Boore 2017
Cyhoeddwyd 2017 gan Wasg y Dref Wen,
28 Ffordd yr Eglwys, Yr Eglwys Newydd,
Caerdydd CF14 2EA.
www.drefwen.com

Trosiadau o Ladin a Groeg gan yr awdur

Argraffwyd ym Mhrydain.

Cedwir pob hawlfraint. Ni chaiff unrhyw ran o'r llyfr hwn
ei hatgynhyrchu na'i storio mewn system adferadwy
na'i hanfon allan mewn unrhyw ffordd na thrwy unrhyw
gyfrwng electronig, peirianyddol, llungopïo, recordio
nac unrhyw ffordd arall, heb ganiatâd ymlaen
llaw gan y cyhoeddwyr.

CYNNWYS

Cyrraedd   7

Rhufain y Pabau   36

Rhufain Hynafol   64

Ymadael   121

1. CYRRAEDD

GLANIODD fy ngwraig a minnau ym maes awyr Roma-Ciampino tua diwedd y prynhawn, a chymryd un o fysiau cwmni Terravision i'r ddinas. Aethom ar hyd priffordd brysur trwy wlad werdd anwastad, yn frith o adeiladau lliw *terracotta* ac adfeilion Rhufeinig eu golwg – hen acwedwct, rwy'n meddwl.

Enw'r briffordd oedd y "Via Appia Nuova", a rhedai'n gyfochrog ag olion y "Via Appia" wreiddiol, y cychwynnwyd ei hadeiladu yn 312 cc gan y gwladweinydd dall Appius Claudius Caecus. Hon oedd yr enwocaf o'r deuddeg priffordd a ymledai fel adenydd olwyn o Rufain Hynafol i bedwar ban yr Ymerodraeth, ac un o'r rhai pwysicaf. Arweiniai, ar y dechrau, i ddinas Capua ger Napoli, ond estynnwyd wedyn i borthladd Brundisium, yn ne'r Eidal, lle ymadawai byddinoedd, gweinyddwyr a masnachwyr Rhufain am Wlad Groeg, Syria a chyfoeth diarhebol y dwyrain.

Yn 73 cc dechreuodd gwrthryfel caethweision yn ardal Capua, dan arweiniad y gladiator Spartacus, a pharhau am ddwy flynedd nes cael ei drechu gan y cadfridog Rhufeinig Marcus Licinius Crassus. Ar ddiwedd y rhyfel croeshoeliwyd chwe mil o'r rebeliaid ar hyd y Via Appia rhwng Capua a Rhufain – dyna bellter o 119 milltir, a'r teithiwr anffodus rhwng y ddwy ddinas yn gorfod pasio, ar gyfartaledd, un corff dioddefus neu bydredig bob 35 llathen.

Ffordd fawr i bawb oedd y Via Appia, a thua 60 oc teithiodd yr Apostol Paul ar hyd-ddi i Rufain – trefi ar y Via Appia oedd y "Farchnad Apius" a'r "Tair Tafarn" lle pasiodd ym mhennod 28 o Lyfr yr Actau. Ychydig wedyn, efallai, cychwynnodd yr Apostol Pedr i'r cyfeiriad arall, os credwn y chwedl a adroddir yn y llyfr apocryffaidd *Actau Pedr*. Roedd Pedr yn Rhufain, a'i elynion yno yn cynllwyno i'w ladd, felly erfyniodd ei ddilynwyr arno i ymadael.

"Onid ffoi fyddai hynny, frodyr?" meddai Pedr.

"O na fyddai," meddent hwythau. "Rwyt ti'n siwr o gael cyfle arall i wasanaethu'r Arglwydd."

Ufuddhaodd y Sant i gyngor y brodyr, ond wrth iddo ymadael â'r ddinas cwrddodd â'r Iesu ei hun yn dod i mewn iddi.

"*Domine, quo vadis* – Arglwydd, i ble rwyt ti'n mynd?" holodd Pedr.

"*Eo Romam iterum crucifigi* – Rwy'n mynd i Rufain i gael fy nghroeshoelio o'r newydd."

Ar hynny dychwelodd Pedr i Rufain, ac ef a groeshoeliwyd (â'i ben i waered, peth go anghyffredin).

Yn ôl traddoddiad bu'r cyfarfod lle saif Eglwys Domine Quo Vadis heddiw, ar y Via Appia wreiddiol, ger ffin y ddinas hynafol. Aeth bws Terravision â ni bron heibio'r fan.

⋙⋘

Mynychir Roma-Ciampino yn bennaf gan hedfaniadau rhad, ac fel sawl maes awyr tebyg fe'i lleolir mewn man cymharol ddiarffordd. Felly sefydlwyd cwmni Terravision yn 2002 yn unswydd i'w wasanaethu, gan gario teithwyr rhyngddo a'r

Termini, prif orsaf reilffordd Rhufain. Canolfan bysiau yw'r Termini hefyd, a bogail i'r system danddaearol, lle mae dwy linell y Metro'n croesi; a buasai wedi bod yn ddigon hawdd inni ffeindio tacsi oddi yno i'n gwesty – y Villa Florence, ar y Via Nomentana. Ond dim ond taith milltir a hanner oedd hi, yn ôl y map, a haul y gwanwyn yn goreuro'r pafin, felly penderfynon ni gerdded, gan dynnu'n casys ar ein holau, cliceti-clac.

Mae Rhufain Hynafol yn gorwedd dan Rufain Gyfoes fel teils dan garped, ac yn ardal y Termini mae olion Baddonau Diocletian, a adeiladwyd tua 300 OC, yn brigo i'r wyneb. Gallem ddychwelyd i fwrw golwg arnynt yn y man – ac ar furluniau Villa Livia hefyd, yn amgueddfa'r Palazzo Massimo gerllaw.

Cafodd Villa Livia ei henw am fod archaeolegwyr yn credu iddi berthyn i'r Ymerodres Livia Drusilla (58 CC–29 OC), gwraig yr Ymherodr Augustus – dyna'r fenyw a chwaraewyd gan Siân Phillips yn y gyfres deledu I, Claudius. Maen nhw'n credu hynny, yn gyntaf, am fod ei moethusrwydd yn deilwng o gartref Ymerodres, ac yn ail oherwydd ei hagosrwydd at hen dref o'r enw Veii, sy'n ei ffitio'n hynod o dwt i stori a adroddir gan yr hanesydd Rhufeinig Suetonius.

Un diwrnod, medd Suetonius, yn fuan ar ôl ei phriodas ag Augustus, roedd Livia'n teithio adref i'w hystad ger Veii pan hedfanodd eryr heibio a gollwng iâr wen fyw yn ei chôl, a honno'n dal brigyn llawryf yn ei phig. Yn ôl syniadau'r Rhufeiniaid, roedd hynny'n argoel rymus iawn – yn neges oddi wrth y duwiau. Penderfynodd Livia fagu'r iâr a phlannu'r brigyn.

Ffynnodd y brigyn mor dda nes ehangu'n gelli, ac ychwanegwyd brigau eraill ato gan yr ymerodron a ddisgynnai o Livia, sef Tiberius, Caligula, Claudius a Nero. Ond ni fu'r brigau newydd mor lwcus. Bu farw pob un yn ei dro – ac yn fuan wedyn bu farw'r ymherodr a'i plannodd. O'r diwedd gwywodd y gelli gyfan a daeth llinach Livia i ben gyda hunanladdiad Nero.

Yn y cyfamser aeth yr ieir gwyn mor niferus nes i'r Villa gael yr enw "Ad Gallinas", sef "Cwt yr Ieir". Ond "Villa Livia" oedd yr enw a fabwysiadwyd gan ysgolheigion. Hwyrach nad oedd "Cwt yr Ieir" yn ddigon urddasol iddyn nhw.

Darganfuwyd olion Villa Livia yn 1596, ond nid tan yr 1860au y dechreuwyd archaeolegu yno o ddifrif, a bron ar unwaith torrodd y cloddwyr trwodd i siambr gudd – heb ffenestri, hanner-tanddaearol, gwbl gaeedig.

Rhaid bod yr hyn a welsant yng ngoleuni eu lampau wedi ceulo eu hanadl yn eu llwnc: ystafell fawr 11.7 wrth 5.9 metr a'r pedair wal wedi'u gorchuddio ag un murlun lliwgar cyfoethog diderfyn.

Roedd y murlun o safon aruchel – gwaith crefftwyr brenhinol – ac roedd wedi cael ei ddiogelu rhag awyr iach a gwlybaniaeth ers ... faint? ... deunaw cant o flynyddoedd? Dangosai goedwig hudolus, wedi'i pheintio â dibendrawdod o fanylder a gofal, gan mwyaf mewn gwawriau o wyrdd a glas, gyda choed, llwyni, ffens, wal, glaswellt, dail, canghennau, blodau, ffrwythau, tair ar hugain rhywogaeth o lysieuyn a naw a thrigain math o aderyn. Creai amgylchedd i dawelu'r meddwl ac esmwytho'r galon.

Roedd yn stafell unigryw; ni all neb fod yn siwr o'i phwrpas. Gorffwysfa i Livia, efallai? Encilfa dawel, oeraidd, lle gallai merch rymusa'r byd ffoi rhag ffwrnais yr haf Rhufeinig i freuddwydio breuddwydion Ymerodres?

Arferai'r Rhufeiniaid addurno'u cartrefi yn llawer mwy bywiog a lliwgar nag y byddwn ni, gan ddefnyddio'n enwedig furluniau a mosaig – daeth hynny'n amlwg wrth glirio llwch Vesuvius o Pompeii. Mae mosaigau'r Rhufeiniaid wedi goroesi'n aml (hyd yn oed yng Nghymru), am iddynt gael eu gosod yn solet ar lawr; ond mae eu murluniau bron i gyd wedi diflannu, wrth i'r waliau y peintiwyd arnynt chwalu. Felly enghraifft brin, yn ogystal â phrydferth, yw coedwig Livia (a symudwyd i'r Palazzo Massimo er diogelwch, ar ôl i'r Villa gael difrod yn yr Ail Ryfel Byd).

*

Roedd y ffordd i'r Villa Florence yn dilyn y Via Goito, y Via Palestro a'r Via XX Settembre hyd at y Porta Pia, lle byddai'r Via XX Settembre yn troi'n Via Nomentana ac yn cyrraedd y gwesty ymhen canllath neu ddau.

Ffordd ddigon dinod oedd y Via Goito, ond roedd gardd werdd anferth yn ymestyn yr ochr draw i'r Via Palestro. Ym mhen pellaf yr ardd, wrth y Via XX Settembre, codai adeilad nodedig o hyll: bocs concrit mawr sgwaraidd llwyd, wedi'i streipio gan y tywydd ac yn sefyll fel jac-y-baglau ar ben pileri; yn perthyn i'r cyfnod pensaernïol drychinebus wedi'r Ail Ryfel Byd ac yn gwbl estronol i Rufain.

Gyferbyn â ni, tu hwnt i'r ardd, dacw adeilad gwahanol iawn ei anian – rhagfur uchel castellog gwgus. Rhan o Fur Aurelian oedd e – y Mur deuddeg milltir o hyd a adeiladwyd o amgylch Rhufain gan yr Ymherodr Aurelian, gan gychwyn yn 271 OC. Ymherodr galluog iawn oedd Aurelian, ond arwydd o wendid oedd cadernid ei fur. Ers canrifoedd bu Rhufain – y "Ddinas Dragwyddol", canolfan y byd – yn hepgor amddiffynfeydd am na ellid dychmygu neb yn ymosod arni. Ond erbyn amser Aurelian roedd llwythau barbaraidd wedi ysgubo dros ffin yr Ymerodraeth, gan anrheithio mor bell â'r Eidal; a doedd hyd yn oed Rufain ddim yn ddiogel mwyach.

*

Roedd tri phorth yn y darn o Fur Aurelian gyferbyn â ni, heb fod ymhell oddi wrth ei gilydd: sef y Porta Pia, y Porta Nomentana a'r Porta Praetoriana. At y Porta Pia roedden ni'n anelu, am mai o fan'na roedd y Via Nomentana yn cychwyn.

Gallech feddwl mai o'r Porta Nomentana y byddai'r Via Nomentana'n cychwyn, ac am 1300 o flynyddoedd mi roedd. Ond yn 1561-5 adeiladwyd porth newydd y Porta Pia gan y Pab Pius IV ar sail dyluniad gan Michelangelo. Symudwyd y Via Nomentana iddo a chaewyd y Porta Nomentana â briciau, er bod un tŵr crwn cadarn o waith Aurelian yn aros.

Tebyg, ond cynharach a llwyrach, fu ffawd y Porta Praetoriana (neu'r Porth Praetoraidd), a luniwyd tua 23 oc fel rhan o'r Gaer Braetoraidd, sef gwersyll y Gwarchodlu Praetoraidd, byddin bersonol yr Ymerodron. Safai'r gaer ar gwr pellaf y Ddinas, felly gellid ymgorffori ei phorth ym Mur Aurelian. Ond caewyd y porth ar ôl ychydig flynyddoedd, a dim ond anghysonder y briciau yn y mur sy'n dangos lle bu.

⟫⟪

Amhosibl anwybyddu'r Gwarchodlu Praetoraidd, a'i gysgod – tywyll weithiau – dros ddinas Rhufain. Bu'n gwersyllu'n fygythiol yn ei gaer am oddeutu 300 mlynedd, sef bron yr holl gyfnod y bu Ymerodron yn cartrefu yn Rhufain, o amser Tiberius hyd at amser Constantin Fawr.

Naw mil milwr oedd nerth safonol y Praetoriaid, wedi'u rhannu'n naw cohort, dan naw penswyddog, a'r cyfan dan reolaeth un neu ddau Praefectus. Caent gyflog uwch na milwyr eraill ac ystyrient eu hun yn élite, ond gallent fod yn haerllug a threisgar, a doedd y bobl ddim yn eu hoffi. Dyna un rheswm pam nad oedd eu gwersyll yng nghanol y ddinas.

Cadwai'r Ymherodr y Praetoriaid wrth law am ei fod yn

dibynnu arnynt – pwy arall fyddai'n ei amddiffyn petai terfysg yn y ddinas, neu petai rhyw gadfridog o'r gororau yn dod â'i lengoedd i'w ddisodli? Ond ar yr un pryd roedd yn eu dirfawr ofni – beth petasen *nhw* yn troi yn ei erbyn?

Felly byddai pob Ymherodr yn ei iawn bwyll yn gwneud popeth yn ei allu i sicrhau ffyddlondeb y Praetoriaid. Âi ar ymweliadau anffurfiol i'r gwersyll i ddangos boi mor rhadlon ac agosatoch oedd e; ceisiai benodi Praefecti dibynadwy (ond pwy *oedd* yn ddibynadwy?); a dosbarthai *donativa* – rhodd-daliadau – anferthol iddynt ar achlysuron arbennig. Ond ni allai byth ymddiried ynddynt. Pryd bynnag roedd Ymherodr mewn trafferth, siawns nad oedd bys rhyw Braetoriad neu Braetoriaid yn y brywes.

Un rheswm am hyn oedd safle amwys y Praetoriaid yng nghymdeithas Rhufain, rhwng yr *honestiores* a'r *humiliores*. Yr *honestiores* oedd y Bobl Orau (senatoriaid, cyfoethogion a'u math), a'r *humiliores* oedd pawb arall – y gwahanol rywogaethau o Bobl Gyffredin. Lleiafrif bach iawn a breintiedig iawn oedd yr *honestiores* – roedd hyd yn oed y Gyfraith yn eu breinio.

Roedd yr *honestiores* yn derbyn addysg o'r radd flaenaf; yn medru darllen, siarad ac ysgrifennu Groeg yn ogystal â Lladin; yn hyddysg yn hanes a llenyddiaeth y ddau ddiwylliant. O'u plith deuai deallusion a dosbarth llywodraethol Rhufain: y cyfreithwyr, yr uchel weision sifil, cadfridogion y llengoedd, rhaglawiaid y taleithiau, llawer o'r awduron anfarwol. Hiraethai rhai am ddyddiau'r Republic – cyn bod sôn am ymerodron – pan oedd eu cyndeidiau'n feistri Rhufain. Credent yn yr hen rinweddau Rhufeinig llwm – *gravitas, austeritas, severitas, dignitas, integritas* – a byddai rhai, weithiau, yn eu harfer.

O gwmni'r *honestiores* y tarddai pysgod mawr Rhufain, y rhai a nofiai o gylch y pysgodyn mwyaf un, yr Ymherodr. Ffurfient ran helaeth o'i fyw a'i fod ac roeddent mewn safle, pe dymunent, i gynllwyno yn ei erbyn. Byddai ef yn ei dro yn cosbi'r cynllwynwyr, a gallai'r chwerwedd ddwysáu nes i *honestiores* grymusach – cadfridogion y byddinoedd ar y ffin – gael eu tynnu i'r ornest ...

Ond roedd un peth yn sicr: yr *honestiores*, yn y pen draw, fyddai'n ennill unrhyw wrthdaro ag Ymherodr, am mai *honestiores* oedd yr haneswyr – Tacitus, Suetonius, Cassius Dio a'u tebyg – a gofnodai ei weithredoedd wedi iddo farw. Cwerylodd Caligula, Nero, Domitian a Commodus â'r *honestiores* a chael eu portreadu gan lenorion fel "ymerodron drwg", a dyna'u delwedd hyd heddiw. Ond eto – o'u hystyried yn erbyn cynfas byd-eang Ymerodraeth aruthrol Rhufain – doedden nhw'n ddim gwell na gwaeth na rhyw ymerodron eraill.

Roedd yr *humiliores* yn llawer haws eu natur: heb fawr o addysg; heb unrhyw ran ym musnes llywodraeth; ddim yn rhy hoff o'r *honestiores* snobyddlyd; ac yn hollol ffyddlon i'r Ymherodr ond iddo sicrhau digon o fwyd ac adloniant iddynt.

Gwamalai'r Praetoriaid rhwng y ddwy garfan. Byddai'r Praefecti fel rheol yn *honestiores*, y milwyr yn *humiliores*, a gallai'r swyddogion cohortiaid berthyn i'r naill neu'r llall. Mewn unrhyw argyfwng, felly, anodd darogan i ba gyfeiriad byddai'r Praetoriaid yn neidio.

Gwelir hyn yn achos yr Ymherodr Caligula, a lofruddiwyd yn 41 OC pan oedd yn 28 oed ac wedi teyrnasu am bron pedair blynedd. Cyhuddir Caligula o greulondeb a mympwyaeth eithafol; o odineb, llosgach a sadistiaeth; o hau arswyd a chasineb; o wallgofrwydd efallai. *Monstrum* oedd gair Suetonius amdano. Ond ei gamgymeriad marwol oedd pechu swyddog Praetoraidd o'r enw Cassius Chaerea.

Hen filwr profiadol oedd Cassius Chaerea, ond roedd ganddo lais main merchetaidd – effaith rhyw glwyf efallai – a gwawdiai Caligula ef mor ffiaidd nes i Chaerea chwennych dial. Cynllwynodd ar y cyd gyda'r Praefecti, swyddogion Praetoraidd eraill, a rhai o gymdeithion agosaf Caligula – roedd llawer yn y cynllwyn. Ond mynnodd Chaerea'r lle blaenaf yn y weithred iddo ef ei hun.

Gwnaed y trefniadau ar gyfer diwrnod yn niwedd Ionawr pan fyddai Caligula a'i osgordd yn cerdded o'r Palas i'r Circus i wylio rasys cerbydau. Wrth iddyn nhw basio trwy dramwyfa gudd, neidiodd Chaerea ar yr Ymherodr o'r tu ôl a thorri ei wddf â chleddyf. Trawodd eraill ef pan oedd ar lawr – bu degau o drywaniadau. Yna lladdasant wraig a merch fach Caligula, gan falu pen y babi yn erbyn wal. Llwyr ddiddymu'r teulu ymerodrol oedd diben y cynllwynwyr.

Ond dihangodd un, sef Claudius, ewythr Caligula, 51 oed (ac yn dipyn o dwpsyn, yn ôl y farn gyffredinol). Cuddiodd tu ôl i lenni yn y Palas, lle daeth Praetoriaid cyffredin o hyd iddo.

Ond doedd y rhain ddim yn cytuno o gwbl â'u swyddogion. Roedden nhw'n deyrngar i'r ymerodron, yn gynddeiriog am golli Caligula, yn arfog a niferus, a'u llais nhw oedd yn cyfri. Cyhoeddon nhw Claudius yn Ymherodr ac ni allai neb eu rhwystro – nid y Senat, na'r *honestiores* a fynnai adfer y Republic, na'u swyddogion eu hun.

A doedd Claudius ddim mor dwp wedi'r cyfan. Gwobrwyodd ffyddlondeb y Praetoriaid â *donativum* o 15 mil *sestertius* yr un: cyflog blynyddoedd, ffortiwn i ymddeol arni. Dyna'r *donativum* cyntaf o'i fath; a bu'n rhaid i olynwyr Claudius – os oedden nhw'n gall – ei efelychu.

Cassius Chaerea a'i ffrindiau, heb fwriadu, a gliriodd y ffordd i Claudius ddod yn ymherodr; cawsant eu dienyddio ganddo serch hynny.

Daeth y Praetoriaid i'r amlwg eto yn 68-69 OC, adeg marwolaeth Nero a helbulon "Blwyddyn y Pedwar Ymherodr" a ddilynodd.

Daeth Nero'n ymherodr yn laslanc 16 oed, a bu farw 14 o flynyddoedd yn ddiweddarach heb erioed dyfu i fyny. Tybiai fod ganddo'r hawl, fel Ymherodr, i wneud beth bynnag a fynnai, heb boeni am neb na dim.

Lledodd straeon ofnadwy amdano: iddo lofruddio ei lysfrawd Britannicus, yna ei fam Agrippina a'i wraig Octavia; iddo briodi ei was Doryphorus (Nero oedd y wraig); iddo ddisbaddu a phriodi'r llencyn Sporus (Nero oedd y gŵr) ... Doedd dim diwedd i'r sgandalau; a, gwir neu beidio, roedd coel arnynt.

Credai rhai hefyd mai Nero fu'n gyfrifol am Dân Mawr Rhufain yn 64 OC, a ddinistriodd dri chwarter o'r ddinas. Disgrifiwyd ef yn gwylio'r fflamau o ben tŵr tra'n canu i gyfeiliant ei delyn; dyna darddiad yr ymadrodd "chwarae'r crwth tra llysg Rhufain".

Yn 65 OC datgelwyd cynllwyn yn ei erbyn dan arweiniad Gaius Calpurnius Piso. Ni allai'r cynllwynwyr ddisgwyl trugaredd, wrth reswm; ond teimlwyd bod Nero wedi cosbi gormod o bobl heb ddigon o gyfiawnhad.

Hynodrwydd pennaf Nero oedd ei awch i berfformio'n gyhoeddus, weithiau'n canu gyda'r delyn, dro arall yn gyrru cerbydau rasio – dyna'i ddau ddiléit. Cylchdeithiodd wyliau Gwlad Groeg fel rhyw eisteddfodwr gorffwyll, yn cystadlu ymhobman ac yn ennill ymhobman, oherwydd ni feiddiai'r beirniaid wobrwyo neb arall. Pan gwympodd o'i gerbyd mewn ras yn y Gemau Olympaidd, dyfarnwyd yn enillydd er iddo fethu â gorffen y cwrs.

Roedd yr *humiliores*, neu lawer ohonynt, yn meddwl y byd o Nero a'i berfformiadau. Dyma beth oedd hawddgarwch! Ymherodr, yn bersonol, yn rhannu – yn creu! – difyrrwch y werin. Roedden nhw'n dotio arno – mae'n ddigon posibl mai Nero oedd yr ymherodr Rhufeinig mwyaf poblogaidd erioed. Ar ôl iddo farw, ymddangosodd cyfres o ffug-Neroaid fel rhyw Elvisiaid atgyfodedig, gan gasglu torfeydd o ganlynwyr brwd.

Ond pur wahanol oedd ymateb yr *honestiores*! Iddyn nhw, actorion a chantorion oedd sbwriel dynolryw. Peth hollol anfaddeuol ac annioddefol o gywilyddus ac atgas oedd gweld Nero'n prancio ar lwyfan, gan ddwyn gwarth arno'i hun, arnyn nhw, ac ar yr Ymerodraeth. Hynny yn fwy na dim, yn ôl Cassius Dio, a symbylodd Gaius Julius Vindex, cadfridog y fyddin yng Ngâl, i gychwyn gwrthryfel yn erbyn Nero yn 68 oc.

Trechwyd Vindex ar fyr o dro gan Verginius Rufus, un o gadfridogion y llengoedd ar y Rhein; ac ar unwaith fe'i lladdodd ei hun. Roedd hynny'n nodweddiadol o *honestiores* y cyfnod, sef dewis "marwolaeth nobl" pan welid Ffawd yn cefnu.

Gallai Verginius ei hun fod wedi hawlio'r Ymerodraeth. Cynigiwyd iddo gan ei fyddin ar ôl iddo guro Vindex, ond gwrthododd, a gwrthod eto maes o law, a byw am ddeng mlynedd ar hugain wedi hynny yn llawn anrhydedd fel y dyn na fynnai fod yn ymherodr.

Ond roedd y pwysau ar Nero'n cynyddu. Servius Sulpicius Galba, 71 oed, llywodraethwr gogledd-ddwyrain Sbaen, oedd y nesaf i wrthryfela. Dyma ddyn uchel iawn ei barch a gafodd yrfa ddisglair mewn rhyfel a heddwch, a "phawb yn gytûn y gwnâi ymherodr teilwng". Gyda chymorth Marcus Salvius Otho, llywodraethwr gorllewin Sbaen, casglodd lu a chychwyn tua Rhufain. Anfonodd Nero fyddin i'w wrthwynebu, ond trodd hon ei chôt ac ymuno â Galba. Ac roedd cadfridogion eraill, ar ororau eraill, yn aflonyddu.

Unig gynheiliaid Nero bellach oedd y Gwarchodlu Praetoraidd a'r Praefectus, Nymphidius Sabinus. Ac yn sydyn newidiodd Nymphidius ochrau. Trwy addo anferth o *donativum* perswadiodd y Praetoriaid i gefnogi Galba; ac ar unwaith cydymffurfiodd y Senat a chyhoeddi Galba'n Ymherodr.

Doedd hi ddim, o reidrwydd, wedi canu ar Nero eto. Petai ef hefyd wedi cynnig *donativum* i'r Praetoriaid, mwy na thebyg byddent wedi dychwelyd ato, oherwydd cariad at y *donativum*, nid at Galba, oedd wedi ysgogi eu brad. Ac wedi i'r Praetoriaid droi, byddai'r senatoriaid llwfr wedi dilyn fel defaid. Ond roedd hi'n sefyllfa rhy ddyrys i anian artistaidd Nero.

Treuliodd ddiwrnod yn ei erddi, yn ceisio'n wyllt ond yn ofer ddyfeisio ffordd gwaredigaeth. Gyda'r hwyr aeth i gysgu yn ei stafell yn y Palas.

Dihunodd ganol nos; a brawychu. Roedd y milwyr oedd i fod yn ei warchod wedi diflannu; ei holl ffrindiau hefyd; dim ond dyrnaid o weision a arhosai. Cynigiodd un o'r rhain, Phaon, ei guddio mewn tŷ oedd ganddo ger y Via Nomentana, a ffoesant ar gefn meirch yn y tywyllwch: Nero (yn gwisgo cadach dros ei wyneb), Phaon, Sporus a dau gydymaith. Wrth basio'r Gaer Braetoraidd clywent leisiau milwyr yn proffwydo gwae i Nero a llwyddiant i Galba. Roedd pobl ar y ffyrdd yn chwilio am Nero.

Llechasant yn nhŷ Phaon, a pharatôdd Nero i farw. "*Qualis artifex pereo!* – Y fath artist sy'n darfod!" meddai. Daeth neges fod y Senat wedi penderfynu ei ddienyddio "yn ôl ffasiwn yr hynafiaid", sef trwy ei rwymo'n noethlymun wrth stanc a'i guro i farwolaeth â gwiail. Cyrhaeddodd marchogion i'w ddwyn ymaith. Gyda help ei was Epaphroditus claddodd Nero ddagr yn ei lwnc ei hun: angau nid anrhufeinig.

⸎⸎⸎

Roedd yr Ymherodr Galba ar ei ffordd i Rufain i afael yn y llywodraeth. Roedd yn hen ŵr, yn ôl safonau'r Cynfyd, yn ddi-blant, ac mae tystiolaeth fod ei gyneddfau'n gwanychu.

Deallai pawb, felly, nad ef ei hun ond ei etifedd fyddai'n bwysig. Ond pwy a ddewisai fel etifedd? Roedd gan sawl un obeithion: Otho, wrth gwrs; swyddogion eraill ym myddin Galba; cadfridogion ar ffiniau pell; mawrion yn Rhufain; a Nymphidius Sabinus, Praefectus y Praetoriaid.

Roedd Nymphidius, yn ei farn ei hun, mewn safle cryf iawn, am iddo sicrhau'r Ymerodraeth i Galba ac am fod y Praetoriaid, credai, yn ei boced. Ei brif wendid oedd iselder ei dras, ond lliniarodd ar hwnnw trwy ganiatáu si ei fod yn fab anghyfreithlon i'r Ymherodr Caligula. Wrth i Galba nesu at Rufain, anfonodd Nymphidius gyfaill ato i hybu ei achos ger ei fron.

Yn anffodus, adroddodd y cyfaill nad oedd gan Galba mo'r diddordeb lleiaf yn Nymphidius. Doedd e'n neb ganddo – allan o'r llun.

Yn ei siom cynlluniodd Nymphidius i gipio grym ei hunan. Aeth gyda'i gefnogwyr i'r Gaer Braetoraidd i gael y Praetoriaid i'w gyhoeddi *ef* yn Ymherodr. Ond unwaith eto cafodd ail. Roedd un o'r swyddogion, Antonius Honoratus, wedi cyffroi'r milwyr yn ei erbyn, gan ddadlau bod Nymphidius wedi'u perswadio i fradychu Nero heb reswm digonol, a'i fod nawr am iddynt fradychu Galba heb unrhyw reswm o gwbl. Onid oedd ffyddlondeb yn cyfrif am *ddim*? gofynnodd Honoratus. Mewn ffit o ffyddlondeb lladdodd y Praetoriaid Nymphidius.

Marcus Salvius Otho, uchelwr 36 oed, oedd y ffefryn nesaf. Flynyddoedd ynghynt bu'n ffrind agos i Nero, gan ennill enw drwg fel oferwr afrad, ysgafn, masweddol. Ond bu'n llywodraethwr teg ar ei dalaith yn Sbaen ac roedd wedi cefnogi Galba o'r dechrau. Ar hyd y daith o'r gorllewin bu'n seboni'r milwyr â'i swyn personol a rhoddion hael o arian (a'r haelioni hwnnw'n ei yrru'n ddyfnach ddyfnach i ddyled); ac wedi cyrraedd Rhufain sebonodd y Praetoriaid yr un modd.

Ond yn y cyfamser roedd y llengoedd ar y Rhein yn ymfflamychu. Buon nhw'n disgwyl gwobr am drechu Vindex, ond bellach nid nhw ond cyn-filwyr Vindex oedd yn derbyn gwobrau – am gefnogi Galba! Yn eu dicter cyhoeddon nhw Aulus Vitellius – cadfridog ar y Rhein fel Verginius Rufus ond yn folgi gordew diog – yn Ymherodr, a chychwyn am Rufain.

⬧⬧⬧

Yn Rhufain gwnaeth Galba gamgymeriad dychrynllyd. Canslodd yr addewid a wnaeth Nymphidius ar ei ran parthed *donativum* i'r Praetoriaid – yr addewid tyngedfennol hwnnw a'u perswadiodd i'w arddel ef yn lle Nero fel Ymherodr. "Cyflogi milwyr rydw i, nid eu prynu," esboniodd Galba'n ymerodrol. Roedd y Praetoriaid yn gynddeiriog – yn ysu o hyn allan am gyfle i ddial arno.

Ar ddechrau 69 oc dewisodd Galba ei olynydd – nid Otho wedi'r cyfan ond Lucius Calpurnius Piso Licinianus, 30 oed, aelod o un o brif deuluoedd Rhufain ac yn perthyn (mae'n debyg, er na wyddys yn union sut) i'r Gaius Calpurnius Piso a gynllwyniodd yn erbyn Nero.

Bu'n ergyd i Otho ond roedd ganddo gynllun wrth gefn. Pwrpas ei holl haelioni anferthol fu sicrhau ffafr milwyr a Phraetoriaid, ac yn awr roedd yn bryd iddo fanteisio ar hynny. Yn wir, roedd yn *rhaid* manteisio arno, oherwydd dim ond felly – sef trwy ddod yn Ymherodr – y medrai dalu'r dyledion anferthol a ariannodd yr haelioni anferthol. Ychydig ddyddiau ar ôl dyrchafiad Piso, cyhoeddwyd Otho'n Ymherodr gan y Praetoriaid. Cornelwyd Galba yn y Forum, a thorrwyd ei ben. Galba oedd ymherodr cyntaf Blwyddyn y Pedwar Ymherodr a theyrnasodd am ddau gant a saith o ddyddiau.

Yng nghyffro'r terfysg cyfarchodd llawer o'r werin Otho fel

"Nero!", er cof am eu harwr coll.

Rhoddwyd pen Galba i Otho. "Nid hwn ond pen Piso dwi eisiau!" ebychodd, gan nad oedd diogelwch iddo tra oedd yr Etifedd yn byw. Roedd Piso wedi ffoi am noddfa i deml y dduwies Vesta, un o gysegrau sancteiddiolaf Rhufain; ond llusgwyd ef allan gan ddau filwr – Sulpicius Florus a Statius Murcus – a'i ddienyddio wrth y cyntedd.

※

Cymeriad eithriadol o ddiddorol yw'r Sulpicius Florus yma! Dywed yr hanesydd Tacitus iddo berthyn i un o'r *cohortes Britannicae* ("y catrawdau Brythonig") a oedd newydd dderbyn dinasyddiaeth Rufeinig ar law Galba. Mae hynny'n gynnar iawn yn hanes Prydain Rufeinig, ac mae'n fwy na thebyg mai'r Brythoniaid hyn oedd y rhai cyntaf erioed i ennill y ddinasyddiaeth trwy ddilyn gyrfa filwrol. Sulpicius Florus, mae'n debyg, yw'r unigolyn cyntaf o'r fath y gwyddys ei enw.

Pan ddeuai rhywun yn ddinesydd Rhufeinig, arferai gymryd enw tylwythol y person a roddodd y ddinasyddiaeth iddo; sef, yn achos y Sulpicius hwn, enw Servius Sulpicius Galba. Beth oedd ei enw Brythoneg gwreiddiol, tybed? Efallai fod hwnnw'n guddiedig rywsut yn y "Florus".

Byddai milwr, fel rheol, yn gorfod ennill ei ddinasyddiaeth trwy gwblhau pum mlynedd ar hugain o wasanaeth yn y fyddin. Os dyna a wnaeth Sulpicius Florus, bu'n perthyn i fyddin Rhufain ers o leiaf 43 OC – sef y flwyddyn y dechreuodd y Rhufeiniaid oresgyn Prydain. Mae'n bosibl iddo fod yn ymladd drostynt, felly, o'r cychwyn cyntaf: wrth iddynt feddiannu iseldir y de a'r canoldir yn y blynyddoedd cynnar; a threchu Caradog yn 51 OC; a threchu Buddug yn 60-61 OC; ac ennill cyfres o fân ryfeloedd yn erbyn ei gyd-Frythoniaid. Ond prin y gellir ei alw'n fradwr oherwydd hyn; byddai'r holl lwythau Brythonaidd eraill yn "estroniaid" o safbwynt ei lwyth ef.

Ers gadael eu hynys oer ar ymyl y byd, roedd Florus a'i ffrindiau wedi teithio ymhell – ar hyd ffyrdd godidog! – gan brofi llawer o ddieithrwch a cheinder gwareiddiad. Ond Rhufain oedd y goron! Ei hanferthedd! Ei thorfeydd! Ei marmor, ei cherfluniau, ei themlau, ei phalasau, ei llysoedd barn, ei theatrau, ei hamffitheatrau! Ei phobl o bedwar ban byd a'u nwyddau a'u bwydydd a'u harferion a'u defodau a'u crefyddau! Cymaint o ryfeddodau, ac yn eu canol y Brython syml o wlad y machlud wedi drysu o'i go, yn ffroeni a ffromi fel tarw gwyllt mewn arena ...

A sut un fyddai Sulpicius Florus yng ngolwg y Rhufeiniaid? Yr anniolchgaryn a laddodd Piso, etifedd ei gymwynaswr Galba? Y cableddwr a dorrodd gyfraith noddfa ac a halogodd sancteiddrwydd teml Vesta? Yr anwariad prin ei Ladin, a thân llofruddiaeth yn ei lygaid, a gwaed drud pendefigaidd Rhufeinig yn diferu o'i gledd? ... Os gwelwyd erioed yn Rhufain greadur a bersonolai fwystfileidd-dra a barbareiddiwch, ein Brython oedd hwnnw!

❖

Casglodd Otho fyddin, a gynhwysai'r Praetoriaid, i wrthwynebu byddin Vitellius, wrth iddi nesu o'r Rhein. Cwrddodd y ddau lu ar 14 Ebrill 69 oc wrth dref Bedriacum yng ngogledd yr Eidal, a threchwyd Otho.

Sut wynebodd y Praetoriaid her y frwydr? Eu llwfrdra cywilyddus oedd un o'r prif resymau am fethiant Otho. Mor uchel eu cloch yng nghysur y ddinas, doedd ganddynt ddim profiad o ryfel go iawn a ffoesant o'r maes heb hyd yn oed glosio â'r gelyn.

Ond daliai Otho mewn sefyllfa gref am fod byddin o'r Daniwb ar ei ffordd i'w atgyfnerthu. Roedd byddinoedd Syria a Judea, dan arweiniad Vespasian, hefyd yn ei gefnogi. Doedd neb am i lengoedd y Rhein herwgipio'r Ymerodraeth a monopoleiddio'r gwobrwyon.

Ond ar 16 Ebrill 69, wedi teyrnasu am naw deg un o ddyddiau, trywanodd Otho ei hun trwy'r galon. Ei gymhelliad, meddai, oedd terfynu'r rhyfel ac arbed bywydau Rhufeinig: ym marn pawb, marwolaeth eithriadol o nobl.

※

Diswyddodd yr Ymherodr Vitellius Warchodlu Praetoraidd Otho yn ei grynswth a dewis Praetoriaid newydd o blith ei filwyr ei hun. Ond trechwyd ei fyddin gan y lluoedd o'r dwyrain, a lladdwyd ef ar 22 Rhagfyr 69 ar ôl teyrnasiad o 229 o ddyddiau.

Pedwerydd ymherodr Blwyddyn y Pedwar Ymherodr oedd Titus Flavius Vespasianus, 60 oed, cadfridog profiadol a llwyddiannus. Datrysodd broblem y Praetoriaid (dros dro) trwy benodi ei fab disglair Titus yn Praefectus arnynt, a rheolodd yr Ymerodraeth yn ardderchog am ddeng mlynedd cyn marw o achosion naturiol.

Parhaodd y Gwarchodlu Praetoraidd ar ei drywydd brith am chwarter mileniwm eto, nes cael ei ddiddymu gan yr Ymherodr Constantin Fawr ar ddechrau'r bedwaredd ganrif.

※

Ymlaen â ni ar hyd y Via Palestro, yn gyfochrog â Mur Aurelian, nes troi i'r Via XX Settembre a dod at yr adeilad hyll jac-y-baglog a welsom o bell. "British Embassy" meddai'r plac wrth y glwyd.

Tybed faint o Eidalwyr allai gwblhau dyddiad y stryd –
20 Medi 1870? Ar y diwrnod hwnnw bu brwydr derfynol y
"Risorgimento", sef y broses o aduno'r Eidal ar ôl tair canrif
ar ddeg o ymraniad. Brwydr ddigri-ddifrifol oedd hi, yn y dull
Eidalaidd braidd, ac fe'i hymladdwyd ddim mwy na chanllath
neu ddau o'r lle roedden ni'n sefyll.

Gall stori'r Aduno fod yn hir neu'n fyr, gan ddibynnu ar eich
dewis o fan cychwyn. Ai 568-71 OC, pan ddiddymwyd undod yr
Eidal wrth i lwyth y Lombardiaid gipio talpiau o'r wlad oddi ar
y Bysantiaid? Neu o gwmpas 1815, pan ddechreuodd Eidalwyr
geisio ei ail-greu?

Yn y cyfamser, a than 1870, bu'r Eidal yn rhanedig, ar
amrywiol adegau, dan awdurdod Ffranciaid, Mwslimiaid,
Normaniaid, Almaenwyr, Ffrancod, Awstriaid a Sbaenwyr. Bu
darnau'n perthyn i'r Pab, darnau eraill i "ddinas-wladwriaethau"
annibynnol. Ys dywedodd y Tywysog Metternich yn 1849:
"Syniad daearyddol yw'r Eidal."

Unwyd yr Eidal ar ddechrau'r bedwaredd ganrif ar bymtheg
dan reolaeth Ffrainc trwy rym Napoleon. Ond pan gwympodd
hwnnw yn 1815 rhannwyd hi'n jig-so megis gynt. Y tiriogaethau
pwysicaf nawr oedd Teyrnas y Ddwy Sisili, Teyrnas Sardinia,
Taleithiau'r Pab, meddiannau Awstria yng ngogledd yr Eidal,
a nifer o ddugiaethau bach – Parma, Modena, Twsgani – yn y
canol. Y rhain fyddai'r chwaraewyr yn nrama'r Risorgimento.

Y diriogaeth fwyaf oedd "Teyrnas y Ddwy Sisili", a
gynhwysai ynys Sisili a hanner deheuol tir mawr yr Eidal, gyda
Napoli fel prifddinas. Hon, dan frenhinoedd o'r teulu Bourbon,
oedd y rhanbarth tlotaf a mwyaf cyntefig o'r wlad.

Y diriogaeth ail fwyaf oedd "Teyrnas Sardinia", a gynhwysai
ynys Sardinia ac ardal Piedmont (ar y tir mawr yn ffinio â
Ffrainc), a Torino'n brifddinas. Hi oedd y rhanbarth mwyaf
modern, blaengar ac Ewropeaidd.

Estynnai Taleithiau'r Pab ar draws gwasg yr Eidal o fôr i fôr, wedi'u canoli ar Rufain. Teyrnasai'r Pab drostynt fel unrhyw dywysog unbennaidd lleyg, yn eiddigeddus trwy'r amser o'i freintiau a'i awdurdod.

Awstria oedd biau ardaloedd cyfoethog Lombardi, Milan, Fenis a rhan helaeth o ddyffryn Po. Dylanwadai hefyd ar fân ddugiaethau'r canoldir. Grym estronol oedd hi, a llawer yn ei chasáu.

Ond er i'r cloc cartograffig gael ei droi'n ôl yn 1815, roedd y cloc syniadau wedi llamu ymlaen, gan ddod â delfrydau'r Chwyldro Ffrengig – "Rhyddid, Cydraddoldeb, Brawdgarwch", moderneiddrwydd, cenedlaetholdeb – i'r Eidal. Gafaelwyd ynddynt gan glybiau dirgel radicalaidd o'r enw'r Carbonari ("y golosgwyr") oedd â'u bryd ar weddnewid yr Eidal, trwy berswâd neu drais.

Aelod o'r Carbonari, ar un adeg, oedd Giuseppe Mazzini, un o dri arweinydd enwoca'r mudiad Eidalaidd (gyda Cavour a Garibaldi). Yn y 1940au cyhoeddodd Plaid Cymru lyfr amdano gan D. J. Williams Abergwaun: *Mazzini: Cenedlaetholwr, Gweledydd, Gwleidydd*. Aelod arall oedd Louis-Napoleon Bonaparte, nai i Napoleon y Concwerwr, a fu'n byw yn Rhufain yn ei ieuenctid.

Cyn hir dechreuodd trafferthion. Yn 1820-1 trechwyd gwrthryfeloedd yn Nheyrnasoedd Sardinia a'r Ddwy Sisili, ac yn 1830-1 yn Nhaleithiau'r Pab a dugiaethau Modena a Parma.

Bu trafferthion mwy yn 1848, blwyddyn o chwyldro ar hyd ac ar led Ewrop, ac nid lleiaf yn yr Eidal ... Daeth Teyrnas Sardinia yn "fonarchiaeth gyfansoddiadol", gyda senedd a hawliau democrataidd ... Gwrthryfelodd pobl Fenis a Milan yn erbyn Awstria ... Yn Nheyrnas y Ddwy Sisili, enillodd Ferdinando II yr enw *Il Re Bomba* ("Y Brenin Bom") trwy fombardio rebeliaid yn Messina am oriau ar ôl iddynt ildio ...

Yn Ffrainc diorseddwyd y brenin Louis Philippe ac etholwyd y cyn-Carbonaro Louis-Napoleon Bonaparte yn Arlywydd.

Ceisiodd Teyrnas Sardinia, ar ei newydd wedd, gynorthwyo'r rebeliaid yn erbyn Awstria – dyma "Ryfel Annibyniaeth Cyntaf yr Eidal". Ond antur beryglus yw rhyfel, ac ar 23 Mawrth 1849, ym mrwydr Novara ger Milan, cafodd y Sardiniaid gweir ddifrifol gan yr hen Feldmarschall Josef Wenzel Radetzky, 82 oed. (Dyma'r Radetzky y cyflwynodd Johann Strauss yr Hynaf ei enwog "Radetzky-Marsch" iddo.) Daeth yn amlwg na allai Sardinia yrru Awstria o'r Eidal ar ei phen ei hun; a dim rhyfedd, oherwydd roedd "Awstria" ar y pryd yn ymerodraeth rymus a gofleidiai (ymhlith mannau eraill) Awstria ei hun, Hwngari, Croatia, Gwlad y Tsieciaid, Slofacia, Slofenia a thalpiau o Romania a Phwyl.

Yn 1852 daeth Louis-Napoleon yn Ymherodr y Ffrancod gyda'r teitl Napoleon III. (Gellid holi, beth am Napoleon II? Ganwyd hwnnw yn 1811, yn fab i Napoleon I; cafodd y llysenw "l'Aiglon", sef y "Cyw Eryr"; a bu farw o'r ddarfodedigaeth yn 1832, heb deyrnasu yn unman.) Seiliwyd grym gwleidyddol Napoleon III ar genedlaetholdeb, Catholigiaeth ac atgof ei ewythr, ac roedd yn ffafriol iawn i'r Risorgimento.

Hefyd yn 1852 daeth Cownt Camillo Cavour, un o'r gwleidyddion galluocaf a welodd yr Eidal erioed, yn brif weinidog Teyrnas Sardinia.

Yn 1853 dechreuodd Rhyfel y Crimea, a osododd Rwsia yn erbyn Prydain, Ffrainc a Thwrci – a hefyd (nid pawb sy'n cofio hyn) yn erbyn Sardinia, a gyfrannodd 18,000 o filwyr i fyddin y cynghreiriaid. Prin bod Sardinia'n malio ffeuen am y Crimea fel y cyfryw, ond trwyddi daeth yn ffrindiau â Phrydain a Ffrainc, dwy wlad gryfaf gorllewin Ewrop, ar adeg pan oedd Awstria (a gadwodd allan o'r rhyfel) yn ymbellhau oddi wrthynt.

Symudodd y Risorgimento yn llechwraidd yn ei flaen. Trwy

gytundeb dirgel Plombières, Gorffennaf 1858, ymrwymodd Sardinia i drosglwyddo ardaloedd Nice a Safoi i Ffrainc mewn cyfnewid am gymorth i yrru'r Awstriaid o'r Eidal.

Ffrwyth Cytundeb Plombières oedd "Ail Ryfel Annibyniaeth yr Eidal", a ddechreuodd yng ngwanwyn 1859. Curodd Sardinia a Ffrainc yr Awstriaid ym mrwydrau Magenta ar 4 Mehefin a Solferino ar 24 Mehefin, ac o ganlyniad enillodd Sardinia nid yn unig Lombardi ond hefyd ddugiaethau Parma, Modena a Thwsgani a rhan o Daleithiau'r Pab. Cadwodd Awstria Fenis a'i hardaloedd helaeth ar y tir mawr. Yn unol ag addewid Cavour, derbyniodd Ffrainc Nice a Safoi, sydd ganddi byth.

Mae'r ddwy frwydr wedi gadael eu hôl. Rhoddwyd enw Magenta ar liw piwsgoch a ddyfeisiwyd yr adeg honno (ac a ddaeth yn un o'r pedwar lliw argraffu, CMYK: Cyan Magenta Yellow Black). Ac ar ôl ymweld â maes cad Solferino, lle gorweddai rhyw 38,000 o glwyfedigion a meirwon heb neb i'w swcro, ysgrifennodd Henri Dunant ei lyfr *Un Souvenir de Solférino*, a fu'n sail i greu Cytundebau Genefa a mudiad y Groes Goch.

Ysglyfaeth nesaf Sardinia, gellid meddwl, fyddai Taleithiau'r Pab, ei chymydog ar draws canol yr Eidal. Ond gwaherddid hynny gan Napoleon III, pencampwr grymus Catholigion Ffrainc.

Y posibilrwydd arall, felly, oedd Teyrnas y Ddwy Sisili. Ond roedd honno hefyd yn broblem. Mynnai rhesymeg y Risorgimento y dylai teyrnasoedd Sardinia a'r Ddwy Sisili gyfuno. Mynnai hefyd y dylai'r Bourboniaid hen-ffasiwn, amhoblogaidd, gormesol blygu glin i'r Sardiniaid modern, nwyfus, effeithlon. Ond doedd y Bourboniaid ddim yn cytuno! Byddai'n rhaid eu darostwng trwy rym.

Ond doedd hynny ddim mor hawdd. Doedd Sardinia ddim eisiau cychwyn rhyfel. Yn gyntaf, byddai'n ddrud. Yn ail, gallai hi golli. Yn drydydd, byddai barn y byd yn ei chondemnio am ymosod heb reswm cyfiawn. Ac yn olaf – beth wnâi Napoleon III?

Ateb ysbrydoledig Teyrnas Sardinia oedd anfon byddin o wirfoddolwyr i Sisili i symbylu gwrthryfel. Sardinia, wrth reswm, fyddai'n cyllido, arfogi a thrawsgludo'r gwirfoddolwyr, ond nid yn agored nac yn swyddogol. Petai'r gambl yn llwyddo, a'r gwrthryfel yn lledu i dir mawr yr Eidal, dyna chwalu Teyrnas y Ddwy Sisili a gallai Sardinia gasglu'r darnau. A phetai'n methu, faint o ots? Ni ellid beio Sardinia am fenter annibynnol gan wladgarwyr a rebeliaid.

Casglwyd 1089 o wirfoddolwyr, a glaniasant ym mhorthladd Marsala, Sisili, ar 11 Mai 1860, wrth i ddwy long ryfel Brydeinig gadw'r llynges Bourbonaidd draw. Yn ôl gweinidog tramor Prydain, Lord John Russell, unig bwrpas y ddwy long oedd gwarchod eiddo'r Meistri Ingham & Whitaker, dinasyddion Prydeinig ac allforwyr pwysig o win cadarn melys Marsala i Brydain.

Y gwirfoddolwyr oedd yr enwog "Mille" (sef "mil"): anturwyr mewn crysau cochion dan arweinyddiaeth Giuseppe Garibaldi, ymgnawdoliad o'r arwr rhamantus a'r rhyfeddaf o fawrion y Risorgimento. Ffodd Garibaldi o Piedmont yn ei ieuenctid, wedi'i ddedfrydu i farwolaeth am derfysgaeth; bu'n filwr a llyngesydd yn Ne America, yn gadfridog am ychydig yn Rhufain yn 1849, ac yn gapten llongau masnach o gwmpas y byd. Yn rhyfel 1859 arweiniodd gatrawd "Helwyr yr Alpau" ym myddin Sardinia yn erbyn yr Awstriaid. Roedd yn brofiadol, dewr, deallus, dyfeisgar, golygus a chyfareddol: yn arweinydd perffaith i'r ymgyrch Sisilaidd. Yn eironig ddigon, gellid gofyn ai Eidalwr oedd e bellach: ganed yn Nice, a oedd newydd gael ei thraddodi i Ffrainc.

Aeth ymgyrch Garibaldi o nerth i nerth. Llifodd rebeliaid i

ymuno ag ef; cymerodd Palermo, prifddinas Sisili, ar 30 Mai; weddill yr ynys erbyn 1 Awst; ar 19 Awst glaniodd ar y tir mawr, lle croesodd rhan helaeth o'r lluoedd Bourbon ato; ar 7 Medi cipiodd Napoli; ar 2 Hydref enillodd frwydr Volturno, a ffodd y brenin Francesco II (etifedd y Brenin Bom), gyda gweddill ei filwyr, i amryw geyrydd am noddfa. Cafodd Cavour ganiatâd Napoleon III i anfon byddin trwy Daleithiau'r Pab i Deyrnas y Ddwy Sisili, nid i ymosod arni bellach ond i ailsefydlu trefn ac awdurdod. Yn gynnar yn 1861, yn Torino, cynhaliwyd y senedd Eidalaidd gyntaf, ac ar 17 Mawrth cyhoeddwyd y brenin Victor Emanuel II o Sardinia yn Frenin yr Eidal.

Yr absenolion o'r Eidal newydd oedd Fenis (yn dal ym meddiant Awstria) a Thaleithiau'r Pab (dan darian Napoleon III).

Daeth Fenis i'r gorlan yn 1866, am y rheswm cwmpasog bod yr Almaen, yn ogystal â'r Eidal, ar ganol proses uno. Ymysg tywysogaethau annibynnol niferus yr Almaen, Awstria oedd y fwyaf, gyda Phrwsia, dan arweiniad cyfrwys Bismarck, yn ail.

Yn 1866 aeth y ddwy i ryfel, ac ochrodd yr Eidal â Phrwsia, gan orfodi'r Awstriaid i ymladd ar ddau ffrynt – hwn (o safbwynt yr Eidalwyr) oedd "Trydydd Rhyfel Annibyniaeth yr Eidal". Trechwyd yr Eidal gan Awstria ond trechwyd Awstria gan Brwsia, ac o ganlyniad gorfodwyd hi i drosglwyddo Fenis a'i thiroedd i'r Eidal. Cadarnhawyd hyn gan *plebiscito* (sef refferendwm), lle cofnododd y Fenisiaid 647,426 pleidlais o blaid y trosglwyddo a 69 yn erbyn.

Roedd *plebisciti* ffug fel hwn yn nodweddiadol o'r Risorgimento, gan daenu cochl chwerthinllyd o "ddemocratiaeth" dros benderfyniadau a gymerwyd ymlaen llaw gan yr awdurdodau. Bu *plebiscito* tebyg yn Nugiaeth Twsgani ym mis Mawrth 1860: 366,571 (96.1%) o blaid ymuno â Theyrnas Sardinia, 14,925 yn erbyn. Ac yn Nice ym mis Ebrill

1860: 25,743 (99.4%) dros adael Sardinia ac ymuno â Ffrainc, 160 yn erbyn. Ac yn Nheyrnas y Ddwy Sisili ym mis Hydref 1860: 1,734,117 (99.4%) o blaid ymuno â'r Eidal, 10,929 yn erbyn. Gall fod y canlyniadau'n gywir, hyd yn oed os oedd y rhifau'n jôc, ond crëwyd cynsail diflas. Yn *plebiscito* etholiadol 1929 enillodd rhestr Ffasgaidd Benito Mussolini 98.43% o'r pleidleisiau. Doedd hynny ddim yn ddigon da: yn 1934 enillodd 99.84%.

Ymgorfforwyd Taleithiau'r Pab yn yr Eidal yn 1870, ar ôl i Napoleon III fentro unwaith yn rhy aml. Ar 19 Gorffennaf 1870 cyhoeddodd ryfel yn erbyn Prwsia, gan dynnu'r garsiwn Ffrengig o Rufain i gryfhau ei fyddin. Ond dioddefodd *knock-out* syfrdanol yn y rownd gyntaf. Ar 2 Medi 1870 gorchfygwyd y Ffrancod gan y Prwsiaid ym mrwydr Sedan, a chymerwyd Napoleon a'i holl fyddin yn garcharorion. Collodd ef ei orsedd a chollodd y Pab Pius IX ei amddiffynnwr ac ar unwaith manteisiodd yr Eidal ar ei chyfle. Ar 11 Medi croesodd byddin o 50,000 i Daleithiau'r Pab, ac ymsefydlu ar 19 Medi o flaen y Porta Pia. Gwyddai Pius IX, gyda dim ond 15,000 milwr, fod dyddiau ei dywysogaeth wedi'u rhifo. Ond ni fynnai gydnabod hynny ac, fel mater o egwyddor, gwrthododd bob trefniant heddwch a gynigiwyd iddo.

Felly ar 20 Medi 1870 ymladdwyd brwydr fer a hollol ddiangen. Dinistriodd magneli'r Eidalwyr dalp o Fur Aurelian (1599 o flynyddoedd oed) ger y Porta Pia, tyrrodd dynion trwy'r bwlch, lladdwyd 49 o filwyr yr Eidal a 19 o rai'r Pab, ac (ar ôl 1164 o flynyddoedd) daeth Taleithiau'r Pab i ben a gyda nhw rhaniadau'r Eidal.

Hefyd yn 1870 (mor ddiweddar â hynny!) datganodd Pius IX athrawiaeth "Anffaeledigrwydd y Pab".

Daeth y Via XX Settembre â ni ar unwaith at y Porta Pia, creadigaeth ddeniadol iawn, fel y gellid disgwyl o waith Michelangelo, gyda ffasâd gosgeiddig yn wynebu'r ddinas, un arall yn wynebu'r maestrefi, a chwrt yn y canol. Ond doedd hi'n fawr o Borth. Prin y medrai un drol ar y tro fynd trwyddo, felly caewyd ers talwm a'i addasu fel rowndabowt.

Tu draw i'r Porta Pia cychwynnai'r Via Nomentana, a gafodd ei henw gan y Rhufeiniaid gynt am ei bod yn arwain at dref fach Nomentum (bellach Mentana), tua deuddeg milltir o Rufain. Cynhyrchai Nomentum win o safon (er y dylid ei gadw am rai blynyddoedd cyn ei yfed), ac roedd gan sawl un o bwysigion Rhufain fila yno. Tybiaf y gallent gymudo ben bore i'r Ddinas ar geffyl neu gerbyd, cwblau eu busnes yno, a dychwelyd cyn nos i gysgu yn nhawelwch y wlad. Roedd gan y bardd dychanol Martial dyddyn bach – go anghynhyrchiol – yn Nomentum, a gofynnodd rhyw gydnabod pa les oedd e iddo:

> Rwyt ti'n gofyn, Linus,
> Pa elw a gaf o'm fferm yn Nomentum.
> Yr elw a gaf, Linus,
> Yw 'mod i ddim yn dy weld di yno.

Ar ôl llusgo'n paciau am ganllath neu ragor ar hyd y Via Nomentana, daethom at westy'r Villa Florence, i fyny dreif hir. Adeilad hyfryd oedd e: chwe llawr, lliw gwinau, wedi'i godi gan ryw ddyn cyfoethog tua 1860 yn ffasiwn y "Second Empire", gyda phediment, cornisiau a ffenestr fawr urddasol yn y to. "Ail Ymerodraeth" Ffrainc oedd honno, a Napoleon III oedd yr ymherodr. Buasai'r Villa Florence yn ddengmlwydd oed pan orymdeithiodd milwyr yr Eidal heibio iddo i fombardio

Mur Aurelian.

Yr un mor addurnol, gyda phileri a philastrau, oedd y tu mewn, er i'r staer chwe-llawr gain gael ei malurio i ddodi lifft. Ar y waliau roedd ffotograffau o olion Rhufeinig a ddarganfuwyd yn y parc; pan oedd parc; diflannodd bellach dan ehangiad y ddinas.

Doedd hi ddim yn rhy hwyr inni gychwyn allan i weld y golygfeydd. Rhoddodd y dyn ifanc yn y dderbynfa fap inni, ac esbonio fod bws rhif 60 yn mynd i'r Piazza Venezia yng nghanol y dref, a'r 62 i'r Vatican. Doedd dim modd cael tocynnau ar y bws, meddai; byddai'n rhaid inni eu prynu yn y siop bapurau gerllaw'r arhosfan, yr ochr draw i'r Via Nomentana.

Stryd brysur ac anhygoel o lydan oedd y Via Nomentana, gyda ffyrdd slip ac o leiaf chwe lôn draffig, ond wedi inni groesi doedd dim golwg o siop bapurau, felly holais werthwr hufen iâ ble'r oedd cael tocynnau.

"Yn yr *edicola*," meddai, a phwyntio ato, tua chanllath i ffwrdd.

Ciosg aruthrol, gwyrdd, bondew, wythochrog, oedd yr *edicola*, gyda thŵr bach ar y to a chloc ar ben y twr. Ar bob un o'r wyth ochr roedd cownter, yn gyforiog o gylchgronau ac ati, ac roedd dyn bach tywyll yn nythu yn y canol. Gwelsom sawl *edicola* yn Rhufain wedyn. Roedden nhw'n braf!

Doedden ni ddim eisiau cerdded canllath yn ôl ac ymlaen i'r *edicola* bob tro roedden ni angen tocyn bws, felly penderfynon ni brynu digon o docynnau ar gyfer ein harhosiad. Dau berson, dwy daith y dydd, tri diwrnod, dyna ddeuddeg tocyn.

"Deuddeg ewro," meddai dyn yr *edicola*, "ac mae pob tocyn yn ddilys am awr a chwarter ar ôl ei ddodi trwy'r peiriant ar y bws." Bu'n rhaid iddo chwilio ychydig am y tocynnau, ac fe'u rhoddodd nhw imi â rhyw wên slei.

Roedden ni am fynd i'r Piazza Venezia, ar fws 60. Wedi

esgyn iddo, ceisiais roi fy nhocyn yn y peiriant, a methu.

"Dyw'r peiriant 'ma ddim yn gweithio," meddwn wrth ddyn cyfagos.

Rhaid nad oedd yn hoffi fy Eidaleg, achos atebodd yn Saesneg. "*It doesn't matter,*" meddai.

It doesn't matter?

Roedd hanner dwsin o beiriannau ar y bws, a phobl yn mynd a dod trwy'r amser, ond ni welais neb yn rhoi tocyn trwy beiriant. O ran hynny, ni welais neb â thocyn. Roedd pawb ar y bws 60 – ar holl fysys Rhufain, am wn i – yn teithio'n rhad ac am ddim ... Dim rhyfedd i ddyn yr *edicola* edrych arnom yn od. Rhaid mai fy ngwraig a minnau oedd ei gwsmeriaid cyntaf ers yr estroniaid diwethaf.

Roeddwn i'n teimlo'n eithaf blin am hyn ar y pryd, ond poenais lai a llai wrth inni gyflawni'r deuddeg taith, a llawenhau ar y bore olaf pan wnaethon ni deithiau 13 ac 14 a gwneud elw.

Roedd orennau fel lampau yn y coed a ymylai'r Via XX Settembre; sbonciodd y bws yn wyllt dros gobls y Via Nazionale; a daethom i'r Piazza Venezia.

Yr ochr draw i'r Piazza codai clamp o deisen briodas ddisgleirwen rwysgfawr, gyda dau gerflun adeiniog o "Fuddugoliaeth" ar ben y to, a ffasâd – pan oeddem ni yno – o sitenni plastig. Hwn oedd y "Cofadail Cenedlaethol i Victor Emanuel II", a godwyd i ddathlu llwyddiant y Risorgimento; ei enw pob dydd yw'r "Vittoriano". Chwalwyd talp o Rufain ganoloesol i wneud lle iddo, ac mae'n un o adeiladau amlyca'r ddinas – gwaetha'r modd ...

Tu cefn i'r Vittoriano daethom at stryd fach gyda gril haearn yn y wal, a staer yn disgyn i seler y tu ôl iddo. Yn ôl y plac, dyma oedd y "Carchar Mamertin", prif garchar Rhufain Hynafol, lle terfynodd sawl gelyn cyhoeddus ei ddyddiau. Mae'r hanesydd Sallust yn cofio un ohonynt:

Yn y Carchar mae man o'r enw'r Tullianum, wedi'i suddo tua
deuddeg troedfedd tan y ddaear. Amgylchynir gan waliau ar
bob ochr, ac mae stafell uwchben wedi'i llunio o fwâu maen.
Lle brwnt ac ofnadwy ydyw, yn arw, tywyll a drewllyd.
I'r man hwn y gostyngwyd Lentulus, ac, yn unol â'u
cyfarwyddyd, torrodd y dienyddwyr ei wddf â rhaff grogi ...

Ond carcharorion enwocaf y Mamertin, a fu'n denu
pererinion iddo ar hyd y canrifoedd, oedd y merthyron
Cristnogol a enwir ar dabled wrth y drws: tua phump ar hugain
ohonynt, ac ar ben y rhestr:

Pedr a Paul arweinwyr yr apostolion
Processus a Martinianus eu gwarchodwyr ...

A fu Pedr a Paul yma mewn gwirionedd? A droesant
Processus a Martinianus i Gristnogaeth – a *fodolodd* y rheiny
hyd yn oed? Pwy all ddweud? Perthyn mae'r straeon i'r tapestri
lliwgar o chwedlau a weai credinwyr gynt ac a welir heddiw fel
ofergoelion. Ond erys capel bach "S. Pietro in Carcere" yn y
stafell uwchben y Tullianum, ac mae twll yn y wal tu allan ar
gyfer cyfraniadau.

Roedd hi'n nosi. Yng ngwaelod stryd y Mamertin daethom
at anialwch asffalt y "Via dei Fori Imperiali" – y briffordd a
haciodd Mussolini yn syth ac yn llydan drwy galon y Ddinas
Dragwyddol yn 1931-3. Roedd hi'n dywyll fel camlas, a'r ddau
Forum o boptu iddi – y Forum Romanum a Forum Trajan – yn
llynnoedd cysgodion. Yn y pen pellaf codai silwét y Colosseum,
a dechreusom gerdded tuag ato. Ond roedd y gwynt yn oeri, a
chymylau'n gyrru dros wybren las fioled ... Aethom yn ôl i'r Piazza
Venezia a dal bws 60 i chwilio am ginio rywle ger y Porta Pia.

Roedd ardal y Porta Pia yn olau a chroesawgar yn y nos: *ristoranti*, *trattorie*, lleoedd i gymryd *pizza* ar eich sefyll, bwytai Twrcaidd a Tsieineaidd ...

Roedden ni'n hoffi golwg y "Trattoria Coriolano", yn y Via Ancona. Doedd y prisiau wrth y drws ddim yn rhy eithafol, ac roedd y llenni melfed ar draws y ffenestri'n creu rhyw naws grachachlyd o breifatrwydd. Pan groeson ni'r trothwy, roedd y tu mewn yn hen-ffasiwn a chysurus: dwsin o fyrddau gyda blodau'n sefyll ar lieiniau o ddamasg gwyn, seddau clustogog, pethau'n disgleirio mewn encilion ... Roedd y cwsmeriaid yr un mor barchus – gwŷr mewn siwtiau llwyd, gwragedd â pherlau. Doedden ni ddim yn teimlo'n hollol gartrefol gyda'n gwisg dwristaidd ffwrdd-â-hi ...

Ymddangosodd gweinyddes ifanc hynod o drwsiadus mewn blows wen fflownsiog – crandiach o dipyn na'ch gweinyddes bob dydd. Holodd a oeddem wedi bwcio, ond ffeindiodd fwrdd inni beth bynnag, ger y drws.

Cyrhaeddodd pedwar *savoury pastry* ar blât.

Daeth y perchennog urddasol mewn *blazer* lliw *burgundy* i gymryd ein harcheb. Gofynnais am ei awgrymiadau; yn ofer, achos canmolodd bopeth yn ddiwahân.

Felly archebon ni bethau roedden ni'n meddwl bod eu henwau'n canu cloch – *tagliolini, ravioli di ricotta e spinaci, saltimbocca alla romana, filetto di vitello al tartufo* ... Roedd popeth yn neilltuol o dda, os braidd yn annisgwyl weithiau.

Gyda'r coffi daeth dysglaid o siocledi.

Ar y ffordd allan sylwodd fy ngwraig ar seren Michelin yng nghornel y ffenestr. Does ddim llawer o'r rheiny i'w gweld yng Nghymru, oes e?

2. Rhufain y Pabau

GADAWSOM y Villa Florence bore drannoeth gan fwriadu dal bws 62 i'r Vatican, i weld Basilica Sant Pedr, y Capel Sistaidd a Castel Sant'Angelo.

Roedd hi'n awr frig, a'r Via Nomentana yn gyforiog o draffig yn ymlusgo tua'r ddinas: ceir, bysiau ond yn bennaf oll beiciau modur, yn llinell ddu ddi-fwlch yn y lôn allanol mor bell ag y gwelai'r llygad. Roedd digonedd o *smart cars* pitw bach hefyd.

Roedd y 62 dan ei sang, pawb wedi'u gwasgu'n un jeli diymadferth. Rhoddodd dyn caredig ei sedd i'm gwraig. Fues i ddim mor ffodus.

Stopiodd y bws wrth arhosfan ond gwrthododd drws y cefn agor, a bu rhyw hurtyn yn sgrechian yn filain ar hyd y bws ar y gyrrwr. Agorodd drws arall, a bustachodd y cwynwr ato drwy'r dorf ymysg corws o sylwadau sarhaus. "Macaroni!" meddai rhywun – ydy hynny'n sarhaus, tybed?

Wrth sboncio dros gobls y Via Nazionale, tasgai'r dyrfa o ochr i ochr, penelin un yn asennau'r nesaf, esgidiau'n sathru. Am bob dwsin o bobl a adawai'r bws, daeth dau ddwsin i mewn. Roedd cymudo'n fwy cysurus yn nyddiau Martial; ac yn gyflymach, synnwn i ddim.

Aeth y daith ymlaen ac ymlaen: heibio colofn Marcus Aurelius yn y Piazza Colonna, ar hyd y Corso Vittorio Emanuele II, dros afon Tiber, i fyny'r Via della Conciliazione ... Bu'n rhaid imi sefyll yr holl ffordd nes disgyn wrth Piazza Sant Pedr.

⟫⟫⟨⟨

Y cwestiwn oedd yn ein poeni oedd: ym mha wlad roedden ni nawr? Yr ateb, ymddengys, oedd ein bod yn Ninas y Vatican tra oeddem yn Piazza Sant Pedr, ond yn ôl yn yr Eidal fodfedd tu allan iddi. Chwiliais am ryw ffin weledol ar y llawr, heb ddarganfod un.

Os yn y Vatican, roeddem yng ngwladwriaeth leiaf y byd, 108 erw o dir gyda rhyw 800 o drigolion. Ond mae ganddi hefyd hawliau alldiriogaethol ar nifer o eglwysi ac ati yn Rhufain ac ar breswylfa haf y Pab yn Castel Gandolfo, 15 milltir i ffwrdd.

Fel gwlad annibynnol, y Vatican yw etifedd pitw Taleithiau'r Pab, a ddiflannodd yn 1870. Fe'i crëwyd yn 1929 yn sgîl "Cytundeb y Lateran" rhwng y Pab Pius XI a Mussolini, a'r Pab sy'n unben hollbwerus arni, efo cardinaliaid i'w gynorthwyo. Ymysg cyfrifoldebau gweinyddol y Pab mae gwasanaeth post (a mynd mawr ar ei stampiau), gwasanaeth darlledu, heliport a rheilffordd.

Adeiladwyd ac agorwyd rheilffordd y Vatican o ganlyniad i Gytundeb y Lateran. Mae iddi un orsaf ddel ac oddeutu 300 metr o drac, sy'n cwrdd wrth y ffin â rheilffordd genedlaethol yr Eidal. Anaml mae pobl yn teithio arni, hyd yn oed y Pab, a dim twristiaid o gwbl. Trueni!

Mae gan y Pab heddlu hefyd, sy'n cydweithio â heddlu Rhufain. O'i chymharu â'i phoblogaeth, mae gan y Vatican un o gyfraddau troseddol ucha'r byd – gwaith ymwelwyr gan mwyaf, rhaid cyfaddef.

Ond difyrrach na'r heddlu yw byddin y Pab, y Gwarchodlu Swisaidd, sy'n dyddio o 1506, a phob dyn yn Babydd o'r Swistir. Roedd gan lawer gwlad ers talwm ei Gwarchodlu Swisaidd o filwyr hur dewr a disgybledig, ond Gwarchodlu'r Pab yn unig a erys, gan ddiddanu twristiaid â'i lifrai harlecwin o siercyn, clos pen-glin a sbats hirion, i gyd wedi'u streipio ag oren, coch a phorffor. Aelodau o'r Gwarchodlu yw tua chant allan o wyth can preswylydd y Vatican, sydd felly'n un o wledydd mwyaf militaraidd, yn ogystal â throseddgar, y blaned.

Nid yr un peth yw endid gwleidyddol Dinas y Vatican ac endid ysbrydol y "Sedd Sanctaidd", sy'n dynodi Esgobaeth Rhufain a llywodraeth ganolog yr Eglwys Babyddol fyd-eang, er mai'r Pab sy'n ben ar y ddau. Y Sedd Sanctaidd sy'n cynnal cysylltiad diplomataidd â gwledydd eraill, tua 179 o'r 193 sy'n perthyn i'r Cenhedloedd Unedig. Fel yn yr Oesoedd Tywyll, ni cheir anwybyddu'r Pab.

※»⟫⟪«

Roedd Piazza a Basilica Sant Pedr yn edrych yn ddigon tebyg i'r hyn welwch chi ar y teledu, heblaw am gwt o bobl dan y colonâd yn aros i ymweld â'r Basilica. Aethom i'r Vatican i ymuno â'r cwt, ond roedd yn symud mor araf nes inni ddychwelyd i'r Eidal i chwilio am fynedfa'r Capel Sistaidd.

O'r cwt dan y colonâd aethom ar hyd llwybr bach dan do, a'n cael ein hun yn y Via di Porta Angelica, oedd â phafin llydan, a berthynai i'r Eidal, yn ymyl wal uchel iawn o briddfeini llwyd a berthynai i'r Vatican. Ar y pafin gwelsom dwr o ymwelwyr a allai fod yn ddiwedd cwt y Capel Sistaidd, ac ymunasom ag ef.

Ond dyw rhywun ddim yn hoffi bod yn niwedd cwt heb wybod ble mae ei ddechrau, felly euthum i chwilio amdano, gan adael fy ngwraig i gadw fy lle. Ymhen ychydig deuthum i'r

Piazza del Risorgimento, lle'r oedd troad i'r Via Leone IV.

Parhâi'r cwt ar hyd y Via Leone IV hyd at ail droad yn y pellter. Parhâi'r wal hefyd, ac nid wal gyffredin mohoni ond rhagfur milwrol hynafol cadarn. Yn ôl y map, roedd hwn yn diffinio holl oror gwladwriaeth y Vatican ac eithrio'r bwlch lle ceid Piazza Sant Pedr. Roedd tua dwy filltir o hyd – gallech gerdded o gylch y Vatican mewn tri-chwarter awr.

O'r ail droad estynnai'r cwt at droad pell arall, lle cwrddai'r Via Leone IV â'r Viale Vaticano, a pharhau eto. Hanner ffordd i fyny'r Viale Vaticano deuthum at ben y cwt a mynedfa gydag arwydd i'r Capel Sistaidd; ond nid cyn cerdded bron chwarter ffin y Vatican.

Cwt y Capel Sistaidd yw un o brif ofidiau'r twrist yn Rhufain, os yw'n gwybod amdano – doedden ni ddim. Yn nes ymlaen, yn y Villa Florence, clywais Americanwr yn holi dyn y dderbynfa am sut i'w osgoi.

"Y peth gorau yw mynd ar daith dywysedig gynnar," meddai dyn y dderbynfa. "Bydd y bws o flaen y gwesty i'ch codi am chwarter i saith y bore."

"Chwarter i saith?" ebe'r Americanwr. "Gwell imi gael gair â'm ffrindiau ..."

Ond cwt gwych cyflym oedd e! Pan ddeuthum o hyd i'm gwraig eto, roedd hi eisioes ar ganol cymal cynta'r Via Leone IV, ac yn symud. A chwt hapus difyr oedd e hefyd, gyda thwristiaid lliwgar o bob hil ac oedran yn gwrando ar eu iPods. Roedd hen Almaenwr â ffon gerdded a drôi'n sedd, ond prin bod ganddo amser i'w hagor cyn gorfod ei chau a symud ymlaen eto. Roedden ni wrth y fynedfa o fewn hanner awr.

Aethom i fyny grisiau i neuadd anferth, prynu tocynnau, mynd trwy glwyd ddiogelwch, anwybyddu'r cynnig o sylwebaeth ar glustffon, ac ymuno eto â thorf yn dilyn arwyddion i'r Capel Sistaidd. Bydden ni yno mewn dim amser!

Ond roeddwn i wedi camddeall. Yn Amgueddfa'r Vatican roedden ni, a'r Capel Sistaidd ond yn rhan fach anghysbell ohoni, a rhaid oedd tramwyo gweddill yr Amgueddfa i'w gyrraedd. Nid bod hynny'n boendod. Codwyd galerïau'r Amgueddfa gan Babau a bryderai lawn cymaint am eu gogoniant fel tywysogion daearol ag am eu dyletswyddau fel penaethiaid Ffydd. Lle rhwysgfawr, hardd, goludog oedd hi.

»»»«««

Dechreusom gerdded, ac ymhen ychydig, dan orchudd portico yn yr awyr iach, gwelsom un o gerfluniau enwoca'r byd, y *Laocoön*.

Cerflun maint-byw yw'r *Laocoön*, yn dangos tri gwryw noeth – Laocoön cyhyrog a'i ddau laslanc o fab – yn cael eu gwasgu i farwolaeth gan bâr o seirff anferthol. Gwaith prydferth, dramatig a chymesur ydyw, yn llawn ymdrech ac arswyd. Pontia'r canrifoedd rhwng yr Oes Glasurol, pan luniwyd, ac Oes y Dadeni, pan ailddarganfuwyd.

Chwa o awel iach oedd darganfyddiadau fel y *Laocoön* i gerflunwyr y Dadeni. Chwythasant ymaith seintiau trymaidd sarrug syrffedus y Canol Oesoedd, chwythasant i mewn ffresni, naturioldeb, synwyrusrwydd, llifeirioldeb, emosiwn, cynnwrf a harddwch. Ond rhaid oedd chwilio amdanynt. Bu'r Cristnogion cynnar ers talwm yn casáu cerfluniau'r paganiaid, gan falu llawer a gadael i'r pridd gladdu'r gweddill. Ac o'r pridd roedd rhaid eu hadfer – fel y *Laocoön*.

Darganfuwyd y *Laocoön* ar 14 Ionawr 1506 dan winllan ger eglwys Santa Maria Maggiore, Rhufain. Ardal brysur yw honno heddiw, fel yr oedd hi ddwy fil o flynyddoedd yn ôl, ac anodd dychmygu gwinllan yno. Ond yn y cyfamser, pan oedd y ddinas wedi diboblogi, bu'n dir amaethyddol.

Perchennog y winllan oedd rhyw Felice de Fredis, yr hwn, yn ôl ei garreg fedd, "a haeddodd anfarwoldeb am ei rinweddau ei hun ac am ddarganfod y *Laocoön* a weli di yn y Vatican". Ond ni wyddai wrth ei ddarganfod mai'r *Laocoön* oedd e; y cyfan a wyddai oedd iddo ddod ar draws rhyw gerflun hynafol hardd; a dyna fyrdwn y neges a yrrodd at yr arglwydd lleol, y Pab Julius II.

Ar lawer cyfrif, Pab nodweddiadol o'r Dadeni oedd Julius II – cymeriad brith! Cenhedlodd blentyn pan oedd yn gardinal a chyhuddid yn gyson o sodomiaeth. Llysenwyd "y Pab Rhyfelwr" am iddo symbylu cynifer o ryfeloedd (gan sefydlu'r Gwarchodlu Swisaidd i'w hymladd). Ond roedd yn noddwr gorchestol o'r celfyddydau: comisiynodd Michelangelo i beintio nenfwd y Capel Sistaidd, a Bramante i ddylunio basilica presennol Sant Pedr – curwch hynny! (Mae portread ohono yn y Galeri Cenedlaethol yn Llundain, wedi'i dynnu gan Raphael yn 1511, yn edrych yn ddigalon ar ôl rhyfel aflwyddiannus.)

Yn syth bin wedi derbyn neges Felice, anfonodd Julius II arbenigwr i ymholi am y cerflun, sef Giuliano da Sangallo, tua 62 oed, pensaer adnabyddus o Fflorens, a dyn arall oedd yn nodweddiadol o'r Dadeni. Bu'n ddewis da fel arbenigwr, fel y gwelwn toc, am ei fod yn gyfarwydd â'r "llenyddiaeth".

Fel cydymaith, gwahoddodd Sangallo gydweithiwr a chyd-Fflorentiad oedd yn fwy na nodweddiadol o'r Dadeni, roedd yn bersonoliad ohono: Michelangelo Buonarroti (30 oed), oedd wedi cwblhau ei gerflun *Dafydd* flwyddyn neu ddwy ynghynt.

Trydydd aelod o'r parti oedd Francesco da Sangallo, mab bach Giuliano, a ysgrifennodd am yr achlysur ryw drigain mlynedd yn ddiweddarach:

Ymunais â'm tad ac i ffwrdd â ni. Dringais i lawr i ble roedd
y cerfluniau, ac ar unwaith dywedodd fy nhad, "Dyna'r
Laocoön mae Plini'n sôn amdano!" Yna ehangon nhw'r twll i
godi'r cerflun allan. Cyn gynted â'i fod yn y golwg, bwriodd
pawb iddi i dynnu ei lun, gan sgwrsio trwy'r amser am
bethau hynafol ...

Y "Plini" a neidiodd i feddwl Giuliano da Sangallo (gan
gyfiawnhau ei statws fel arbenigwr) oedd Gaius Plinius
Secundus yr Hynaf, a fu farw tua'r 56 oed ar 25 Awst 79 oc.
Roedd Plini'r Hynaf yn un o'r *honestiores* Rhufeinig niferus
hynny a gyfunai ddiddordebau llenyddol â gyrfa o wasanaeth
cyhoeddus. Ysgrifennodd Wyddoniadur mewn tri deg saith
o lyfrau – un o gyfansoddiadau hwyaf y Cynfyd – a bu hefyd
yn bennaeth ar y llynges Rufeinig strategol ym mhorthladd
Misenum, ger Napoli. Roedd ganddo nai o'r un enw a'r un anian
ag ef ond 38 mlynedd yn iau.

Ar 24 Awst 79 roedd y ddau Plini yn Misenum pan welsant
gwmwl enfawr o fwg a lludw yn esgyn o fynydd yr ochr draw i
Fae Napoli. Yn llawn chwilfrydedd, ac yn rhinwedd ei fraint fel
llyngesydd, galwodd Plini'r Hynaf am gwch i archwilio'n nes, er
bod ganddo wendid ar ei anadl. Glaniodd wrth droed y mynydd,
lletya'r nos yno, a mogi drannoeth yn y llwch – marwolaeth go
nobl i ysgolhaig, gellid dweud, er yn anfwriadol. Flynyddoedd
wedyn ysgrifennodd Plini'r Ieuaf lythyr am y digwyddiad at ei
gyfaill Tacitus, yr hanesydd athrylithgar, gan roi'r disgrifiad
gorau sydd gennym o echdoriad Vesuvius a dinistr Pompeii.

Yr hyn a ddiddorai Giuliano da Sangallo yng ngwaith
Plini'r Hynaf oedd llyfr 36 o'i Wyddoniadur, lle ceir catalog o'r
cerfluniau marmor mwyaf adnabyddus, ynghyd â nodiadau ar
rai o'r cerflunwyr. Canmola Plini'r *Laocoön* i'r entrychion:

... y *Laocoön*, ym mhalas yr Ymherodr Titus, gwaith sydd
i'w ddodi o flaen pob un arall yng nghelfyddydau arlunio a
cherflunio ... Cerfiwyd y dyn a'i feibion a thorchau rhyfeddol
y seirff mewn cywaith gan dri chrefftwr godidog o ynys
Rhodos: Hagesander, Polydorus ac Athenodorus.

Byddai'r *Aenëid* – arwrgerdd ymerodrol Vergil – hefyd
wedi helpu Giuliano da Sangallo i adnabod y *Laocoön*. Roedd
yr *Aenëid* – deuddeg cyfrol o farddoniaeth Ladin goeth – yn
ddarllen craidd i unrhyw berson diwylliedig adeg y Dadeni; ac
ymddengys Laocoön yn yr ail lyfr, sy'n adrodd stori'r Ceffyl
Pren a Chwymp Troea.

Mae'r stori'n agor gyda'r Groegiaid, ar ôl gwarchae Troea'n
aflwyddiannus am ddeng mlynedd, yn dyfeisio cynllun i'w
dymchwel. Maent yn esgus cychwyn adre i'w gwlad eu hun, gan
adael delwedd anferth o Geffyl Pren ar draeth Troea. Smaliant
fod y Ceffyl yn offrwm i'r dduwies Minerva i sicrhau mordaith
ddiogel; ond mewn gwirionedd mae'n gyforiog o wŷr arfog; ac,
yn lle ymadael, mae'r Groegiaid a'u llongau yn cuddio ymysg
ynysoedd cyfagos.

O weld y Ceffyl, mae'r Troeaid mewn cyfyng gyngor, rhai am
fynd ag ef i mewn i'w dinas, eraill – ac yn enwedig yr offeiriad
Laocoön – am ei ddifa. "Ofnaf y Groegiaid hyd yn oed pan ddônt
â rhoddion!" gwaedda Laocoön. Â'i holl nerth hyrddia waywffon
i ystlys y creadur.

Ar hynny cyrhaedda bugeiliaid â charcharor. Groegwr yw
e, o'r enw Sinon, ac mae'n cymryd arno ei fod wedi ffoi at y
Troeaid rhag cael ei ladd gan ei gydwladwyr. Mae'n hysbysu'r
Troeaid y bydd Minerva yn eu dinistrio os dinistriant y Ceffyl,
ond yn dinistrio'r Groegiaid os diogelir y Ceffyl yn y ddinas.
Dyna, medd Sinon, oedd pwrpas y Groegiaid wrth wneud y
Ceffyl mor anferth – fel na allai basio trwy byrth Troea ...

Ac yn awr ategir geiriau Sinon gan argoel syfrdanol. Draw ar y môr ymddengys dwy forsarff echrydus, a'u brestiau enfawr yn torri trwy'r tonnau wrth iddynt nesu at y lan –

Ânt yn syth am Laocoön;
a chan gofleidio'n gyntaf gyrff bychain ei ddau fab,
brathant eu haelodau truenus. Yna ef ei hunan,
wrth iddo ddod ag arfau i'w hachub,
a gipiant a'i glymu â'u torchau anferthol.
Ddwywaith am ei wasg, ddwywaith am ei wddf
y lapiant eu cyrff cennog, a dyrchafant
eu pennau a'u gwarrau'n uchel dros ei ben.
Yntau a estyn ei ddwylo i rwygo'r clymau ymaith,
a budreddi a gwenwyn du yn diferu ar ei rubanau sanctaidd,
a chwyd ei floeddiadau erchyll hyd y sêr …

Dyna'r union olygfa a bortreadir yn y cerflun *Laocoön*.

Diwedd yr hanes yw bod y Troeaid yn derbyn bod y duwiau wedi cosbi'r offeiriad am iddo ymosod ar y Ceffyl, felly maen nhw'n credu stori Sinon, gan fylchu'r mur a llusgo'r Ceffyl i mewn i'r ddinas. Ac yn ystod y nos daw'r gwŷr arfog allan o'r Ceffyl a dylifa byddin y Groegiaid trwy'r bwlch yn y mur, a llwyr ddistrywir Troea a'i phobl.

Ai'r *Laocoön* marmor a efelychodd y Laocoön geiriol, neu *vice versa*? A oedd efelychiad o gwbl? All neb ddweud, oherwydd does neb yn sicr ai Vergil ai Hagesander, Polydorus ac Athenodorus a ddaeth gyntaf; a beth bynnag, roedd chwedl Laocoön ganrifoedd yn hŷn na nhw i gyd.

Prynodd y Pab Julius II y *Laocoön* a'i arddangos yn y Vatican, fel y dywed beddargraff Felice de Fredis; a hwnnw, yn 1506, oedd eitem gychwynnol Amgueddfa'r Vatican, un o amgueddfeydd hyfryta'r byd.

Gwaith arall a edmygai Plini'r Hynaf, ac mae fersiwn ohono i'w weld yn Amgueddfa'r Vatican, yw'r *Aphrodite* o Knidos, a grëwyd gan y cerflunydd enwog Praxiteles tua 360 CC. Yn ei ddydd bu'n atyniad twristaidd poblogaidd, "a llaweroedd," yn ôl Plini, "yn hwylio i Knidos yn unswydd i'w weld". Dinistriwyd y gwreiddiol ers talwm, ond mae'r efelychiad yn y Vatican bron mor hen ag ef, ac efallai bron mor hardd.

Nid ar chwarae bach, gyda llaw, roedd hwylio i Knidos. Tref anghysbell yn y Môr Aegeaidd oedd hi, ar ynys fach sydd bellach wedi troi'n orynys o dir mawr Twrci. Buasai'r trigolion wedi gwerthfawrogi gwariant twristiaid yr *Aphrodite*.

Daeth yr *Aphrodite* i feddiant y Knidiaid yn sgîl camgymeriad (gellid dadlau) gan eu cymdogion ar ynys Kos, oedd yn addolwyr selog o'r dduwies ac a gomisiynodd y cerflun oddi wrth Praxiteles ar gyfer eu defodau.

Creadur sawlochrog, fel unrhyw dduw neu dduwies Roegaidd, oedd Aphrodite. Ar un olwg, duwies Rhyw oedd hi ("Beth yw bywyd, beth yw melystra, heb Aphrodite euraidd?" canodd y bardd Mimnermus). Ond rhoddai eraill gymeriad mwy sobr a chynhwysfawr iddi, a phobl Kos yn eu plith.

Cam uchelgeisiol a drud oedd dewis Praxiteles i'w phortreadu. Ystyrid (ac ystyrir) ef fel un o gerflunwyr mwya'i gyfnod (neu unrhyw gyfnod), a'i arbenigedd oedd y corff dynol. Os ceisiwn ddychmygu'r "Noeth" Groegaidd – merch neu lencyn delfrydol o siapus a hardd – digon tebyg mai cerflun o waith Praxiteles a ddaw i'n pen.

Ond rhaid bod Praxiteles, oedd yn byw yn Athen bell, mewn penbleth pan dderbyniodd yr archeb. Sut Aphrodite roedd y Kosiaid ei heisiau – duwies Rhyw neu dduwies barchus? Felly gwnaeth ddwy fersiwn, i'r Kosiaid gael dewis rhyngddynt. Un o'i Noethion godidog oedd y naill, a'r llall yn fwy neu lai dilladog. Gwyddai y câi farchnad barod i'r un a wrthodid.

Fel y gellid disgwyl, hwyrach, dewisodd y Kosiaid y dduwies barchus – a llamodd y Knidiaid ar y cyfle i brynu'r Noethen, gan adeiladu teml fach heb waliau ar ei chyfer, i edmygwyr gael sbio arni o bob cyfeiriad. Buddsoddiadau call! Bu Knidiaid ac ymwelwyr yn elwa arnynt am ganrifoedd wedyn.

Cyfrinach cerflun da yw model addas, a model Praxiteles, wrth lunio *Aphrodite*'r Knidiaid, oedd *hetaira* o'r enw Phryne. Cysyniad nodweddiadol Roegaidd oedd yr *hetaira*: yn slwt, boneddiges a thestun edmygedd ar yr un pryd. Byddai *hetaira* o'r iawn ryw yn hardd, gosgeiddig, swynol, deallus, ffraeth, amlddoniog, balch, hyderus ac annibynnol – yn wrthgyferbyniad llwyr i'r Roeges orthrymedig gyffredin. Symudai ymysg y mawrion, arferai gariad rhydd, a – gyda thipyn o ofal – gorffennai ei dyddiau mewn golud. Phryne oedd *hetaira* enwoca'r oes; benyw'ch breuddwydion oedd hi, yn batrwm perffaith i'r *Aphrodite*; a Praxiteles oedd ei chariad ar y pryd.

Mae stori ryfedd ac arwyddocaol am Phryne. Un tro roedd hi'n sefyll ei phrawf yn Athen, gerbron rheithgor – fel pob rheithgor – o ddynion yn unig. Ni wyddys y cyhuddiad, ond y gosb, os ceid hi'n euog, oedd angau. Ni wyddys chwaith pryd cynhaliwyd yr achos, ond nid pan oedd hi'n modelu i Praxiteles, oherwydd ei chwnsler oedd yr areithydd disglair Hypereides, un arall o'i chariadon.

Roedd y prawf yn mynd yn wael, a daeth yn amlwg y byddai Phryne'n colli. Gwelai Hypereides fod arno angen rhyw ddadl rymus newydd. Felly yn lle cau ei achos â'r anerchiad arferol, aeth â Phryne o flaen y rheithgor a rhwygo'i thiwnig o'i hysgwyddau, gan ddinoethi ei bronnau. "Hon yw proffwydes a llawforwyn Aphrodite," rhybuddiodd. "Os niweidiwch hi, bydd y duwiau'n dial arnoch." A chafodd hi ei rhyddhau. Roedd dwyfoldeb bob amser rownd y gornel yn y dyddiau hynny, a gwelodd y rheithgor ddwyfoldeb Phryne.

Cysegrodd bardd Groeg dienw epigram i'r *Aphrodite*:

Pan welodd Aphrodite yr *Aphrodite* yn Knidos,
"Och, och!" meddai, "ble gwelodd Praxiteles fi'n noethlymun?"

Difyrrodd yr *Aphrodite* ymwelwyr i Knidos am ryw saith can mlynedd nes i Gonstantinopl ddisodli Rhufain fel prifddinas yr Ymerodraeth yn 330 OC. Yna cipiwyd hi ymaith, gyda llwythi o drysorau eraill y Cynfyd, i addurno'r brifddinas newydd, lle dinistriwyd gan dân ganrif neu ddwy'n ddiweddarach. Ond gadawodd gopïau rhif y gwlith, yn fawr, mân, gwych a sothachlyd, ar hyd ac ar led gwledydd gwareiddiad – cymaint o gopïau fel bod trigain neu fwy ar glawr heddiw.

Ond sut gwyddom mai copïau ydynt, gan na adawodd Plini'r Hynaf, na neb arall, ddisgrifiad cyflawn o'r gwreiddiol? ... Am i'r Knidiaid gael y syniad o stampio'i ddelwedd ar eu harian. Defnyddid arian yn aml fel cyfrwng propaganda: propaganda twristaidd yn yr achos hwn.

Mae'r efelychiad o'r cerflun ar yr arian yn fanwl, er yn amrwd, ac mae'n ein galluogi i adnabod efelychiadau eraill. Dengys fenyw noethlymun ar ei sefyll â'i llaw dde ddiwair yn celu'i gafl, a'i llaw chwith yn dal lliain uwchben ystên ddŵr. Dyna sy'n gwahaniaethu *Aphrodite* Knidos o deipiau eraill o *Aphrodite* – mae'r dduwies ar fin cael bath ...

Ceid mân amrywiadau di-ben-draw rhwng y gwahanol efelychiadau, am sawl rheswm. I ddechrau, anodd ar y naw oedd copïo cerflun tri-dimensiwn. Yna, yn hytrach na theithio i Knidos, gwell gan yr efelychwr cyffredin oedd aros gartref ac efelychu efelychiadau parod, lleol. Wedyn, roedd hawl gan efelychwr, yn y byd clasurol, i argraffu ei gymeriad ei hun ar ei efelychiad – onid oedd yntau'n greawdwr dawnus a balch? Ac i orffen, os gobeithiai am dâl, rhaid oedd iddo barchu cyfarwyddiadau ei gwsmer cyfoethog, waeth pa mor idiosyncratig.

Barna gwybodusion mai'r fersiwn hynafol orau o *Aphrodite* Knidos yw'r un yn Amgueddfa'r Vatican, y "Venus Colonna" fel y gelwir. ("Venus" yw'r Lladin am "Aphrodite"; a Filippo Colonna oedd yr aristocrat Rhufeinig a gyflwynodd hon i'r Pab Pius VI yn 1783.) Cur pen i'r Pabau oedd ystyried sut i'w harddangos: tan 1932 gorchuddid ei hanner isaf (er nad ei hanner uchaf) â dilledyn tun.

Amcan cerflunwyr yr oes glasurol oedd darlunio harddwch delfrydol. Yn nhyb llawer, cyraeddasant uchelfannau nad oes neb wedi rhagori arnynt wedyn. Calondid annisgwyl, felly, i lawer ymwelyddes ag Amgueddfa'r Vatican, yw canfod bod y Venus Colonna, yn ôl syniadau heddiw, braidd yn *dew*.

⁂

A pharhaem ar ein llwybr tua'r Capel Sistaidd ...

Roeddem mewn torf a lifai fel afon, y rhai araf yn drifftio at yr ochrau, y lliaws yn gorymdeithio ymlaen, ysgwydd yn ysgwydd, dim brysio dim oedi; wynebau gwyn, du a melyn, neb yn gwenu, fawr neb yn siarad. Roedd llawer â chlustffonau am eu pennau, a bron pawb â'i gamera dros ei ysgwydd. Yma a thraw daliai tywysydd ryw arwydd i fyny, fel cludwr eryr mewn lleng Rufeinig – un lleng ddiddiwedd amyneddgar oeddem.

Deuem at fan agored weithiau, a'r llif yn arafu a throelli. Ond cerdded galerïau hirion roeddem gan mwyaf, a theils yn clecian dan draed, a nenfydau crwm gyda lluniau gloyw ymhell

uwchben ... Galeri lle gwyliai rhesi o gerfluniau ni'n pasio ...
Galeri â'i pharwydydd wedi'u leinio â thapestrïau ... Galeri y
peintiwyd ei waliau, bedair canrif yn ôl, â mapiau: deugain
map o ranbarthau'r Eidal ac un o ardal Avignon yn Ffrainc,
eiddo'r Pab pryd hynny, lle cododd Ioan XXII gastell newydd – y
Châteauneuf-du-Pape – a phlannu gwinllannoedd gerllaw ...

Ymlaen ac ymlaen ar hyd y galerïau breuddwydiol; esgyn
a disgyn grisiau a throi corneli – rhaid ein bod yn dychwelyd
y ffordd y daethom, ar lawr gwahanol ... A dyma ni yn y Capel
Sistaidd.

Stafell fawr uchel gysgodol oedd hi, a thorf ddiorffwys o bobl
yn cyrraedd, gweu rhwng ei gilydd, sefyllian, rhythu ar y lluniau
(gyda mwy neu lai o ddiddordeb) a chychwyn ymaith, gan adael
lle i eraill.

O gwmpas godre'r waliau rhedai mainc farmor, a phenolau
tew a thenau'n cuddio pob modfedd ohoni. Cyn gynted ag y
symudai un pen-ôl o'r fainc, disgynnai un arall i'w le, ac roedd
llu eto'n hofran gerllaw. Adeg ethol Pab, caiff ei hurddasu gan
benolau cardinaliaid.

Roedden ni wedi bod yn cerdded ers oriau. Rhaid oedd cael
gorffwys ar y fainc yna! Cipiasom seddau cwpwl o leianod wrth
iddynt godi.

Arlunwyr mawr – Perugino, Botticelli, Ghirlandaio ac ati
– a addurnodd y waliau. Uwchben hongiai'r nenfwd enwog y
gweithiodd Michelangelo arno rhwng 1508 a 1512, gan sefyll yn
uchel ar sgaffald. Yn ystod y pedair blynedd peintiodd dros dri
chant o luniau â'i drwyn at i fyny a phoen yn ei wegil; mae'n
disgrifio'r profiad mewn soned.

Ar draws pen pella'r Capel lledai'r *Farn Olaf* anferth a
luniodd Michelangelo yn ei henaint, gan ei phoblogi â ffigyrau
noeth a ledneisiwyd wedyn gan yr artist Daniele da Volterra
(llysenw, *il braghettone*: "y trowsuswr").

Roedd y Capel Sistaidd yn hwyl – y lluniau oedd y siom ...
Yn fanwl, pell, prysur, ac amhosibl eu hadnabod na'u dehongli.
Croesi'r Môr Coch, Temtiad Crist, Y Dilyw, Y Bregeth ar y Mynydd
– p'run oedd p'run? I gyd yn gyforiog o gymeriadau annelwig,
ansicr eu pwrpas, fel y Capel ei hun ...

⠀⠀⠀⠀⠀⠀⠀⠀⠀⠀⠀⠀⠀⠀⠀⠀⠀⠀⠀⠀***➤➤➤◄◄◄***

Daethom allan o Amgueddfa'r Vatican, ac i lawr y Viale
Vaticano a'r Via Leone IV ac yn ôl i'r Piazza del Risorgimento
... Braidd yn ddigywilydd ar ran yr Eidal oedd lleoli "Piazza del
Risorgimento" drws nesaf i'r Vatican, o ystyried mai Pabau oedd
gwrthwynebwyr olaf a ffyrnicaf y Risorgimento ... Eisteddon ni
wrth fwrdd ar y pafin tu allan i'r Caffè del Risorgimento, a chael
pryd bach hyfryd o gawl pasta-a-ffa a phlataid o ham-a-melon.

Ymunon ni â'r cwt yn Piazza Sant Pedr, ac i mewn i'r
Basilica, a chrwydro am hanner awr ymysg y colofnau a'r
gofodau anferth, ac allan i'r awyr iach drachefn ... Aethom trwy
glwyd yng nghornel y Piazza i ymweld â'r gerddi sy'n llenwi 58
o 108 erw'r Vatican, ac sydd i fod yn eithriadol o hardd. Ond
galwodd pâr o Warchodwyr Swisaidd ni'n ôl: bechgyn gwydn
eu golwg, er gwaethaf eu gwisg clown. Dim mynediad i'r gerddi,
meddent, ac eithrio ar daith dywysedig; a dim taith tan fory ...

Ymysg y torfeydd o gylch y Basilica, roedd dwsinau o leianod
o lawer lliw ac urdd yn tyrru o fan i fan mewn grwpiau trydarog,
a digonedd o offeiriaid â choler gron, rhai ohonynt yn ifanc
a golygus ac mewn brys; ond dim un mynach mewn abid
mynachaidd.

Croeson ni'r Piazza yn ôl i'r Eidal, a phrynu bob un hufen iâ
i'w lyfu wrth ddisgyn y Via della Conciliazione ar ein ffordd i'r
Castel Sant'Angelo.

"Cymod" yw ystyr *conciliazione*, a'r *conciliazione* dan sylw yw

Cytundeb y Lateran, 1929, a derfynodd y cweryl fu'n mudlosgi rhwng y Pab a'r Eidal ers i'r Eidal (fel y gwelsom) lyncu Taleithiau'r Pab ar 20 Medi 1870.

Stryd lydan unionsyth yw'r Via della Conciliazione, ac fe luniwyd yn sgîl Cytundeb y Lateran i gysylltu canol Rhufain â'r Vatican, gan agor golygfa ddramatig newydd ar Fasilica Sant Pedr. Gwnaed lle iddi trwy chwalu ardal hynafol y Spina di Borgo, llawn llwybrau cam a phalasau Dadenïaidd.

O ran yr olygfa, gellir amau a fu'r cyfnewid yn fuddiol. Byddai'r pererin gynt, ar ôl gweu trwy gysgodion y Spina, yn taro'n ddisymwth ar y "Sorpresa" (y "Syrpreis") – sef ysblander gwyn Basilica a Piazza Sant Pedr – yn union o flaen ei drwyn. Mae'r twrist heddiw, ar y llaw arall, wrth gychwyn o gyffiniau'r Tiber, yn gweld Sant Pedr yn y pellter tua maint stamp post, ym mhen draw stryd hir ddigymeriad. Y ffordd orau i atgynhyrchu'r Sorpresa, am wn i, yw gwneud fel y gwnaethon ni heddiw, sef disgyn wrth Sant Pedr oddi ar fws – os yw Sant Pedr yn gallu bod yn *sorpresa* yn oes y teledu.

Dyna'n drydydd profiad felly o Rufain yn dewis newydd-deb rhwysgfawr ar draul aflerwch yr hen: y Vittoriano, y Via dei Fori Imperiali a'r Via della Conciliazione: un dolur llygad a dau ddiffeithwch.

⸻

Yng ngwaelod y Via della Conciliazione daethom i *piazza* ar lannau afon Tiber, a'r Castel Sant'Angelo tua chanllath oddi wrthym.

Golwg dda iawn oedd gennym ar y Castell, yn silindr brown solet diaddurn, fel cacen Nadolig aruthrol yn aros am ei heisin. O gwmpas copa'r silindr rhedai oriel fylchog ar gyfer milwyr amddiffynnol. Tu ôl i'r oriel codai adeilad palasaidd â sawl llawr.

Ar do'r palas safai colosws o angel efydd yn fflapio'i adenydd.

Y silindr yw rhan hynaf y Castell. Adeiladwyd gan yr Ymherodr Hadrian yn y 130au OC fel mawsolewm iddo ef a'i olynwyr, ar adeg pan oedd Rhufain ar anterth ei nerth a'i chyfoeth; ac mi *roedd* eisin arno'r pryd hynny – croen gwyn o farmor a choron o gerfluniau. Yn unol â'r gyfraith, lleolwyd y mawsolewm tu allan i ffiniau Rhufain, yr ochr hon i'r Tiber, ond gallai'r holl ddinasyddion ei weld yn feunyddiol, fel symbol anferth, llachar ac anchwaladwy o rym yr ymerodron. Adeiladwyd pont i gysylltu'r mawsolewm a'r ddinas; ac mae honno hefyd, y Ponte Sant'Angelo, yn sefyll heddiw, er i'r milenia ei gweddnewid.

Roedd y mawsolewm yn anchwaladwy am fod ei graidd, tu ôl i furiau'r silindr, yn un lwmpyn enfawr digyfaddawd o goncrit, a fesurai – ystyriwch! – 64 metr ar ei draws a 21 metr o uchder. Gallai barhau hyd ddiwedd y byd! Anochel, pan ddechreuodd yr Ymerodraeth siglo, oedd trawsnewid y mawsolewm yn gastell a'i ymgorffori ym Muriau Aurelian ... Rhywsut collodd ei farmor ... A'r Rhufeiniaid eu hun, yn 537 OC, a faluriodd y cerfluniau, er mwyn hyrddio'r darnau i lawr ar bennau Gothiaid oedd yn gwarchae'r ddinas.

Yn 590 OC, medd y chwedl, disgynnodd pla dychrynllyd ar Rufain, a threfnodd y Pab Gregori Fawr orymdaith i erfyn ar Dduw am waredigaeth. Yn sydyn, ar binacl y mawsolewm, gwelwyd yr Archangel Mihangel yn dychwelyd cleddyf i'w wain, fel arwydd bod y pla ar ddarfod. Coffáu hynny mae'r enw "Castel Sant'Angelo" a'r cerflun angylaidd ar y to.

Dyna un adeilad Rhufeinig nad esgeuluswyd yn yr Oesoedd Tywyll – fe'i helaethwyd yn hytrach. Ychwanegwyd y palas awyrol fel lloches gysurus i'r Pab petai byddin estron neu derfysgwyr dinesig yn ei fygwth. Bu yno garchar hefyd, lle gosodir trydedd act yr opera *Tosca*; fe gofiwn yr arwres yn ei lladd ei hun trwy lamu o'r muriau. Am fil a hanner o flynyddoedd arhosodd Castel Sant'Angelo yn brif gadarnle milwrol Rhufain, nes cael ei ildio yn 1901 i'r diwydiant twristiaeth.

⸻

Aethom trwy borth i mewn i'r silindr ... Ond dyma beth rhyfedd! Roedd stryd – lôn drol gyda llawr cobls – yn troelli i fyny rhwng y craidd concrit a'r mur allanol. Ffordd yma, mae'n rhaid, yr ymlusgai elorau Hadrian a'r ymerodron a'i dilynodd; cludgadeiriau Pabau dig ar ffo; canrifoedd o offeiriaid, milwyr, gweision, carcharorion, a'r ceirt a mulod a wasanaethai bawb a drigai ar ben y slabyn concrit hwnnw ... Aethom i fyny ac i fyny a rownd a rownd ar y cobls yn y gwyll – taith ddifyr!

Cyrhaeddodd y lôn gopa'r concrit, a gorffen. Roeddem wrth fynedfa – gaeedig – i gladdfa gyffredin (dybiedig) yr ymerodron a'u hymerodresau a'u plant. Roedd tabled ar y wal gerllaw yn dangos yr epigram enwog a briodolir i Hadrian ar derfyn ei fywyd:

Animula vagula, blandula,
hospes comesque corporis,
quae nunc abibis in loca
pallidula, rigida, nudula,
nec, ut soles, dabis iocos...

Enaid bach crwydrol, tyner,
gwestai a chymar y corff,
sydd nawr ar ymadael am leoedd
gwelw, rhewllyd a noeth,
lle ni chei jocan yn ôl dy arfer.

Cyn pen dau gant o flynyddoedd byddai paganiaeth lom Hadrian a'i debyg yn cael ei hysgubo ymaith gan wres angerddol y Gristnogaeth a oedd eisoes yn lledu trwy'r Ymerodraeth.

Daeth staer â ni i fyny i gwrt bach llwyd a phrudd yn yr awyr iach, a arweiniai i gwrt ehangach, pruddach byth, lle câi carcharorion eu dienyddio gynt.

I fyny eto: roeddem yn yr oriel fylchog a welsom o'r *piazza* ymhell islaw. Roedd yno rodfa gul, a chaffe gyda byrddau, a thwristiaid efo coffi a theisennau yn syllu allan trwy'r bylchau ar y ddinas.

I fyny eto, ac i fyny eto. Roeddem ymysg ystafelloedd llydan y palas – amgueddfa bellach.

I fyny eto, a dyma ni yn yr heulwen ar y to, yn cadw cwmni i'r Archangel, a Rhufain oddi tanom.

Yr olygfa agos oedd hanner cylch sgleiniog o afon Tiber, a'r Ponte Sant'Angelo yn ei chroesi, efo cerfluniau angylion yn leinio'r ddau ganllaw. Ar hyd y lan gyferbyn rhedai cei tawel dan glamp o wal lwyd â phromenâd ar ei phen. Roedd y promenâd mor ddel â chefnlen opera, yn rhes o hen *palazzi* gyda thyrau pwt a balconïau blodeuog.

Yr olygfa bell oedd un cwrlid gwastad o doeau isel gwinau, gyda hanner dwsin o gromennau baróc yn sefyll i fyny fel wyau mewn gwellt. Doedd dim un adeilad uchel modern i'w ganfod ond y Vittoriano druan. Hwnnw a Sant Pedr oedd meistri'r gorwel, ynghyd, mae'n debyg, â'r mawsolewm na allem ei weld am ei fod dan ein traed.

》》》《《《

Roedd yn bryd inni chwilio am hufen iâ arall. Daethom i lawr trwy'r mawsolewm, a thros y Ponte Sant'Angelo, a chrwydro am ychydig ar hyd heolydd cul nes cyrraedd y Piazza Navona.

Tipyn o syndod, yng nghanol annibendod Rhufain, yw'r Piazza Navona, petryal perffaith o bafin agored, tua 240 metr o hyd wrth 65 o led. Etifeddodd safle, siâp ac amlinell y stadiwm a godwyd yma ar gyfer "gemau Groegaidd" gan yr Ymherodr Domitian tua 90 oc.

Mesur Groegaidd oedd "stadiwm", yn dynodi tamaid dros 200 llath, sef hyd ras redeg safonol y Groegiaid; a "stadiwm" hefyd oedd enw'r ras ac enw'r safle lle câi'r ras ei rasio. Byddai stadiwm y Gemau Olympaidd gwreiddiol, yn Olympia, Gwlad Groeg, yn ffitio'n dwt i'r Piazza Navona er nad mor dwt i stadiwm rygbi neu bêl-droed.

Yn anffodus, doedd gemau Groegaidd, gyda'u cystadlaethau boneddigaidd megis rhedeg, neidio, taflu'r ddisgen a rasio mewn arfwisg, ddim yn ddigon bwystfilaidd i'r Rhufeiniaid – roedd yn well ganddynt waed. Felly perfformiai gladiatoriaid hefyd yn Stadiwm Domitian.

O gwmpas y Stadiwm gynt roedd portico o bileri a bwâu, oedd yn adnabyddus am ei buteindai. (Roedd tuedd gyffredinol gan y Rhufeiniaid i gysylltu puteiniaid â phorticoau. Gair am fwa oedd *fornix*, a roddodd *fornicatio*.) Bu'r puteindai hyn yn ganolog i ferthyrdod Santes Agnes, mwy na thebyg oddeutu 304 oc dan yr Ymherodr Diocletian, adeg yr erledigaeth fawr olaf yn erbyn Cristnogion. Mae hanes Agnes yn llawn gwyrthiau ac erchylltra, a gydiodd yn y dychymyg, gan ei gwneud hi'n santes boblogaidd iawn.

Yn ôl y stori, gwyryf ifanc hardd o deulu Cristnogol yn Rhufain oedd Agnes. Dymunai mab i ynad grymus ei phriodi, ond gwrthododd hi'n daer; felly dedfrydodd yr ynad hi i farwolaeth.

Ond am na chaniatâi'r gyfraith ddienyddio gwyryf, rhaid yn gyntaf oedd ei diforwyno. Gorchmynnodd yr ynad i filwyr ei llusgo'n noethlymun trwy strydoedd y ddinas i gael ei threisio ym mhuteindai Stadiwm Domitian. Ond tyfodd ei gwallt i guddio'i chorff; a chafodd pob dyn a geisiai ei chyffwrdd yn rhywiol ei daro'n ddall. Felly yn lle ei diforwyno, rhwymwyd hi wrth stanc i'w llosgi; ond gwrthododd y tanwydd gynnau. Yn y diwedd torrodd milwr ei phen â chleddyf.

Ond mae fersiynau eraill o'r stori yn ddirifedi. Bron yr unig elfen gyson i bob un yw ieuenctid Agnes: merthyrwyd pan oedd hi'n 12 neu 13 oed; sy'n bwrw goleuni hynod ar arferion priodasol y Rhufeiniaid.

⫸⫷

Doedd dim porticoau gwerth sôn amdanynt yn y Piazza Navona mwyach, ond roedd llond gwlad o gaffes yn estyn eu canopis dros y pafin, ac yn un o'r rhain y cawsom ein hufen iâ, wedi'i gyflwyno gan weinydd ifanc mor sobr a llwydaidd â gwas angladdau.

Ond lle hwyliog braf oedd y Piazza Navona, a llawer wrthi'n ennill eu tamaid ar draul twristiaid. Roedd pobl yn gwerthu crysau-T, a balŵns, a phaentiadau mawr a mân ar îsls; ac eraill yn tynnu portreadau byrfyrfyr, neu'n sefyll yn stond gan esgus bod yn gerfluniau, neu'n crwydro o gwmpas dan chwarae ffliwtiau neu gitârs. Wrth y caffe nesaf atom dododd dyn ifanc dôn opera ar beiriant a chanu aria i'w chyfeiliant. Cantor proffesiynol go iawn oedd e, a thywalltodd arian i'w het gasglu.

A hen *piazza* urddasol brydferth oedd hi, gyda *palazzi* wedi'u peintio'n binc neu felyn, a thair ffynnon hardd ar hyd y canol, ac eglwys fawr faróc Santes Agnes yn gwisgo anferth o gromen – un o'r rhai a welsom o'r Castel Sant'Angelo, mae'n rhaid – ac yn sefyll ar fangre dybiedig y dienyddio. Yn y pen pellaf, wrth inni ymadael, roedd siop deganau a Pinocchio pren maint-byw wrth y drws, yn trwyno tramwywyr.

Ychydig funudau wedyn roedden ni yn y Piazza della Minerva, sgwâr bach gydag obelisg cwta o'r Hen Aifft yn y canol.

Roedden ni eisoes wedi gweld cwpwl o obelisgau heddiw – un yn Piazza Sant Pedr a'r llall yn y Piazza Navona – ond heb gymryd llawer o sylw ohonyn nhw oherwydd, er eu bod yn dalach o lawer iawn na'r un yn y Piazza della Minerva, doedden nhw ddim mor drawiadol yn eu cyd-destun. A beth bynnag, aiff rhywun i Rufain i weld pethau Rhufeinig; os am obelisgau, dos i'r Aifft ...

Wel, ddim yn hollol ... O'r ychydig obelisgau hen-Eifftaidd sydd i'w gweld ar eu sefyll heddiw, ymddengys bod naw yn yr Aifft, wyth yn Rhufain, a phump mewn rhannau eraill o'r hen Ymerodraeth Rufeinig (yr Eidal, Palesteina a Chonstantinopl). Canys i'r pant y rhed y dŵr – trwy oresgyn yr Aifft (yn 30 CC), cafodd Rhufain dragwyddol heol i gipio beth bynnag a fynnai o drysorau'r Eifftiaid; a gwnaeth hynny heb gywilydd.

Mor hoff oedd y Rhufeiniaid o obelisgau nes mynnu gwneud efelychiadau ohonynt, ac mae pump o'r rheina hefyd yn sefyll yn Rhufain heddiw, gan gynnwys obelisg y Piazza Navona.

Mae'r catalog uchod heb gynnwys tri obelisg a symudwyd yn y 19eg ganrif, pan anrhegodd awdurdodau'r Aifft un yr un i bwerau Ewropeaidd (Ffrainc a Phrydain), ac un arall (heb reswm amlwg) i'r Unol Daleithiau. Saif y cyntaf yn y Place de la Concorde, Paris, ers 1836; yr ail ar y Victoria Embankment, Llundain, ers 1878; a'r trydydd yn Central Park, Efrog Newydd, ers 1881. Pethau swmpus ydyn nhw bob un (rhwng 20 a 30 metr o uchder) ac i gyd yn dwyn yr un enw, sef fersiynau Ffrangeg neu Saesneg o "Nodwydd Cleopatra" – er eu bod dros fil o flynyddoedd yn hŷn na'r hudoles honno, ac yn gynnyrch diwylliant hollol wahanol.

Bu bron iawn i Saeson dawnus yr Oes Fecanyddol golli eu Nodwydd ym Mae Vizcaya, pan aeth y llong oedd yn ei chludo i Lundain allan o reolaeth mewn storm. Nid hawdd i'r Rhufeiniad chwaith oedd trawsgludo obelisgau o'r Aifft i Rufain, nac i'r Eifftiaid cyn hynny eu nofio i lawr afon Neil (heb sôn am eu saernïo yn y lle cyntaf).

Roedd yr hanesydd cydwybodol hwnnw, Ammianus Marcellinus, yn llygad-dyst pan ddaethpwyd ag obelisg i Rufain yn 357 OC, ar orchymyn yr Ymherodr Constantius II. Adeiladwyd llong anferth arbennig, gyda thri chant o rwyfwyr (a hwyliau yn ogystal), i'w gludo o Alexandria – llong mor anferth nes bron â blocio afon Tiber. Dair milltir o Rufain trosglwyddwyd yr obelisg i ryw gludydd isel – rholeri, mae'n debyg – i'w dynnu i'r Circus Maximus (y stadiwm ar gyfer rasio cerbydau), gyda'r bwriad o'i roi i sefyll ar lain ganol y trac. Tybiai llawer y byddai'n amhosibl ei godi. Ond trefnwyd fforest o graeniau pren, a gwe o raffau trwchus a guddiai'r wybren, ac yn y man roedd yr obelisg yn hongian yn rhydd yn yr awyr. Gweithiwyd y rhaffau gan filoedd lawer o ddynion â chapstanau, medd Ammianus, ac o'r diwedd gostyngwyd yr obelisg i'w le.

Roedd Ammianus wedi bod unwaith i Thebae, prifddinas grefyddol yr Hen Aifft yn y gorffennol pell, lle gwelodd obelisgau niferus yn deilchion ar lawr – arwydd o ddirywiad y gwareiddiad hwnnw. Symptom cyfatebol o ddirywiad Rhufain oedd cwymp ei hobelisgau hithau yn ystod yr Oesoedd Tywyll, a'u gorchuddio gan bridd a baw. Agwedd o flodeuo'r Dadeni, o'r 14eg ganrif ymlaen, oedd ailddarganfod, trwsio, addasu, ail-leoli ac ailgodi'r obelisgau hynny.

Daethpwyd o hyd i obelisg Ammianus, mewn sawl darn, yn 1587, a'i ailgodi gan y Pab Sixtus V o flaen eglwys Sant Ioan Lateran, tua milltir o'r Circus Maximus. Dyma'r obelisg hynafol talaf yn y byd, rhyw 32 fetr o uchder. Yn ôl yr hieroglyffau, codwyd yn wreiddiol yn Thebae tua 1400 CC gan un o Pharoaid y Ddeunawfed Frenhinlin.

Hanes nid annhebyg sydd i'r obelisg yn y Piazza della Minerva. Ymddengys iddo gael ei osod gan y Pharo Apries tua 580 CC yn nhref Saïs, yn nelta'r Neil, a'i symud i Rufain tua 300 OC gan yr Ymherodr Diocletian. Rhoddwyd mewn teml i'r dduwies Isis, lle ailddarganfuwyd ymysg yr adfeilion yn 1665 a'i ailgodi gerllaw yn 1667. Dim ond obelisg bach iawn yw e, llai na chwe metr o uchder – yn bitw fel cannwyll. Ond mae'n curo'r behemothiaid yn racs o ran difyrrwch, oherwydd ei sylfaen yw cerflun o eliffant. Comisiynwyd yr eliffant oddi wrth Bernini gan y Pab Alexander VII, ac mae'n annwyl dros ben, gyda gwep ymholgar ddoniol (dim rhyfedd, ac obelisg ar ei gefn), a'i ben ôl yn anelu rhech gynnil tua'r cyn-fynachlog Ddominicaidd ar ymyl y *piazza*; rhech haeddiannol hefyd, am mai yno yn 1633 y condemniwyd Galileo am heresi gan yr Inquisizione Rufeinig.

❧

Trwy fwlch yng nghornel y Piazza della Minerva gallem weld y Piazza della Rotonda, a'r Rotonda ei hun yn sefyll yno, fel anferth o grwban llwyd crwn – "crwn" yw ystyr *rotonda*.

Y Rotonda dan sylw oedd cromen y Pantheon, sef "Teml yr Holl Dduwiau", a adeiladwyd yn gynnar yn yr ail ganrif OC. Adeilad mawreddog iawn yw e, ac yn well ei gyflwr heddiw na bron unrhyw adeilad arall o'r oes honno. Mae wedi dylanwadu'n helaeth ar bensaernïaeth ddiweddarach – ar gromen hynod debyg y Royal Albert Hall, er enghraifft, heb sôn am Fasilica Sant Pedr.

O gwmpas y Piazza della Rotonda clystyrai hen dai tal hyfryd, rhai ohonynt yn gaffes â'u byrddau ac ymbaréls yn ymledu dros y pafin. Yn y canol safai ffynnon (gydag obelisg *arall* ar ei phen) yn chwistrellu dŵr o gegau creaduriaid môr ffantasïol.

Ar hyd un ochr gyfan i'r *piazza* estynnai ffasâd y Pantheon, tair rhes o golofnau praff yn cynnal pediment trionglog, gan bron â chuddio'r gromen tu ôl. Mi welwch ffasâd nid hollol anghyffelyb (er yn llai o faint) gan ambell gapel Anghydffurfiol yng Nghymru a adeiladwyd yn y ffasiwn glasurol yn oes Victoria. Un gwahaniaeth amlwg yw bod pediment y Pantheon yn dwyn arysgrif Ladin, wedi'i phwysleisio â phaent du diweddar:

M.AGRIPPA.L.F.COS.TERTIUM.FECIT

Gwnaed gan Marcus Agrippa, mab Lucius, conswl am y trydydd tro.

Dyn mawr iawn oedd Agrippa – olynydd i'r Ymherodr Augustus petai wedi byw; ond nid ef gododd y Pantheon a welem. Llosgwyd Pantheon Agrippa'n ulw yn 80 oc a'i ailadeiladu genhedlaeth wedyn gan yr Ymherodr Trajan gyda'r arysgrif wreiddiol.

Aethom rhwng colofnau'r ffasâd a thrwy'r porth i'r gromen. Gofod hael, hardd, awyrog oedd hi: llawr mawr crwn agored; muriau pilerog cochfrown addurnedig; to fel hanner grawnffrwyth wedi'i wagio; croesau, canhwyllau a cherfluniau mewn cilfachau; dwsinau o dwristiaid amryliw ar grwydr (a lle i gannoedd eto). Ond dim ffenestri.

Yn lle ffenestri roedd un twll crwn, fel llygad y Cyclops, yng nghanol y to. I ni ar y llawr edrychai'n ddinod, ond mewn gwirionedd mesurai wyth metr ar ei draws, gan ddarparu llwybr i awyr, golau, heulwen a glaw (mae'r glaw'n dianc trwy gwteri dan y pafin).

Mae'r gromen yn hollol gymesur – ei huchder a'i diamedr ill

dau yn 142 droedfedd. Mae'n wyrth o nerth ac ysgafnder, heb ddim i'w chynnal ond ei grymoedd geometrig ei hun a chryfder y deunydd, sef concrit. Yn y Castel Sant'Angelo dim ond lwmpyn trwm gwirion yw'r concrit, ond yn y Pantheon, ac mewn llawer lle arall, ysbrydolodd beirianneg ddisglair. Anghofiwyd am goncrit ar ôl cwymp yr Ymerodraeth.

Yn ogystal â choncrit, datblygodd y Rhufeiniaid liaws o ddefnyddiau, teclynnau a phrosesau pwrpasol. Rhagorodd eu technoleg ar unrhyw beth a welwyd o'r blaen yn y byd gorllewinol, nac a welid am ganrifoedd wedyn. Ac eto, mae'n ein siomi rywsut. Pam na wnaethon nhw'n well?

Enghreifftir technoleg Rhufain gan y dull o godi obelisg Ammianus: cyd-drefniant gorchestol, miloedd o freichiau cyhyrog, ond dim llawer o ddychymyg.

Enghraifft o fath gwahanol yw'r peiriant ager elfennol a briodolir i Heron o Alexandria (ganed tua 10 oc). Mewn oes ddiweddarach daeth y peiriant ager yn sylfaen i'r Chwyldro Diwydiannol – newidiodd y byd. Ond heol bengaead oedd peiriant Heron. Nis defnyddiwyd i unrhyw bwrpas ymarferol, na'i ddatblygu mewn unrhyw ffordd.

Enghraifft arall: *ni* ddyfeisiodd y Rhufeiniaid yr argraffwasg, er eu bod yn cynhyrchu llyfrau a dogfennau, yn llythrennol, yn eu cannoedd o filoedd. Mae'n beiriant gymharol syml a buasai'n gaffaeliad amhrisiadwy iddynt, ond, hyd y gwyddys, ni chroesodd y syniad eu meddwl. Ni thrawsant ar bowdwr gwn chwaith.

Pedwaredd enghraifft: yr enwog *Anticythera mechanism*, a ddarganfuwyd yn 1900 ar waelod y môr ger ynys Anticythera, Gwlad Groeg, ymysg gweddillion llong a suddodd yno tua 85 cc. Cloc astronomaidd anhygoel o gymhleth yw e – cywaith athrylithgar rhwng dau arbenigwr soffistigedig, y naill yn seryddwr a'r llall yn grefftwr efydd. Y crefftwr hwnnw sy'n drysu ysgolheigion heddiw. Ni allai fod wedi bodoli ar ei ben ei hun: rhaid ei fod yn un o lawer, yn gynnyrch traddodiad oesol o grefftwyr tebyg. Ac eto, yn holl lenyddiaeth ac archaeoleg y Cynfyd, does fawr ddim tystiolaeth o'r fath draddodiad – i'r gwrthwyneb, mae'r *Anticythera mechanism* yn unigryw, a datgelwyd inni trwy siawns. Sy'n codi cwestiwn anghysurus. Pa ryfeddodau eraill a greodd y Rhufeiniaid neu'r Groegiaid heb inni wybod dim oll amdanynt?

Mae hanesyn adnabyddus yn taflu goleuni (neu dywyllwch) ar agwedd y Rhufeiniaid tuag at dechnoleg. Cyfeirir ato gan Plini'r Hynaf yn yr adran am wydr yn ei Wyddoniadur. (Roedd y Rhufeiniaid yn feistri ar waith gwydr.)

Un tro, medd y stori, dyfeisiodd crefftwr ddull o wneud gwydr na ellid ei dorri. Lluniodd ffiol o'r deunydd, a chael caniatâd i'w dangos i'r Ymherodr Tiberius. Estynnodd y llestr i'r Ymherodr a'i dderbyn yn ôl ganddo, ac yna fe'i hyrddiodd â'i holl nerth ar y llawr caled. Synnodd Tiberius yn ddirfawr, ond yr unig niwed i'r ffiol oedd tolc bach a drwsiodd y crefftwr â'i forthwyl.

"Oes rhywun arall heblaw ti yn gwybod sut i wneud gwydr fel yna?" holodd Tiberius.

"Nac oes," meddai'r crefftwr diniwed, gan ddisgwyl bri a chyfoeth fel gwobr am ei ddarganfyddiad.

Ond yr hyn a ragwelai'r Ymherodr yn deillio o'r gwydr newydd oedd methdaliad holl ofaint aur, arian ac efydd yr Ymerodraeth.

"Ewch â'r dyn yma i ffwrdd," meddai wrth ei weision. "Torrwch ei ben a dinistriwch ei weithdy."

Sylw deufin oedd gan Plini'r Hynaf ar hyn: "Clywodd llawer o bobl y stori ond roedd llai yn ei choelio." Felly roedd rhai *yn* ei choelio ...

Byddai'r Pantheon, er gwaethaf ei goncrit glew, wedi

syrthio'n adfeilion fel y rhelyw o adeiladau mawreddog Rhufain,
oni bai i Phocas, Ymherodr Constantinopl, ei drosglwyddo i ofal
y Pab Bonifas IV yn 609 oc.

Roedd llawer wedi digwydd yn ystod y 500 mlynedd ers
codi'r Pantheon. Roedd yr Ymerodraeth wedi cael ei rhannu'n
ddau hanner – hanner gorllewinol, a hanner dwyreiniol a reolid
o Gonstantinopl – ac roedd yr hanner gorllewinol wedi syrthio
i ddwylo llwythau barbaraidd. Roedd yr Eidal ei hun wedi cael
ei chipio gan lwyth y Gothiaid, a'i chipio'n ôl gan Ymherodr y
Dwyrain, a'i rhannol gipio eto gan lwyth y Lombardiaid. Roedd
y Pab (i bob pwrpas) yn rheoli Rhufain a'i chyffiniau ar ran
Ymherodr y Dwyrain (dyna gychwyn "Taleithiau'r Pab"). Roedd
Cristnogaeth wedi disodli paganiaeth. Ac roedd yr "Oesoedd
Tywyll" yn mynd o ddu i dduach.

Trodd Pab Bonifas IV y Pantheon yn eglwys – "Santes Fair
y Merthyron" – a thrwy hynny sicrhau ei barhad. Doedd gan y
Rhufeiniaid mo'r gallu bellach i godi adeilad fel y Pantheon, ond
gallent ei gynnal, ac – am mai eglwys oedd – dyna a wnaethant.

➤➤➤◄◄◄

Roedd hi'n nosi. Aethom i'r Piazza Venezia a dal bws 60 i'r Porta
Pia.

Cawsom ginio yn "L'Archetto", un o'r *ristoranti* siriol rhad yn
y Via Ancona – dim perlau heno. O'n seddau ger y gegin gallem
wylio gwaelodion pitsas yn cael eu llithro i mewn ac allan o
ffwrn ddofn â thân fflamgoch yn ei chrombil. Daeth tri ffrind i
mewn fesul un ac ymsefydlu wrth eu bwrdd arferol gerllaw inni,
a phan gâi'r gweinyddesau funud yn sbâr, aent i eistedd gyda
nhw a sgwrsio.

Ac felly'n ôl i'r Villa Florence ...

3. Rhufain Hynafol

TRANNOETH oedd ein diwrnod i weld calon adfeiliog Rhufain Hynafol: y Capitol, y Forum, y palasau, y Colosseum ac ati, lle deuai'r *honestiores* ers talwm i fwynhau eu braint a grym a'r *humiliores* i gael eu difyrru ...

Roedd y bws 60 o'r Via Nomentana i'r Piazza Venezia mor orlawn a blin â'r 62 i'r Vatican ddoe.

Wrth inni ddringo'r allt o'r Piazza Venezia tua'r Capitol, daeth yr orymdaith ryfeddaf heibio inni – rhes o bedwar tacsi trydan gwyrdd golau, pitw pitw bach, tairolwynog, heb ochrau, a'r gyrwyr hefyd yn gwisgo gwyrdd.

Roedd hi'n heulog, ac roeddwn i angen het. Hanner ffordd i fyny'r allt roedd torf o stondinau'n gwerthu stwff twristaidd, felly safon ni i edrych ar yr hetiau. Ddoe, ar bafin y Via della Conciliazione, bu nifer o Affricaniaid tal pygddu'n gwerthu pethau Affricanaidd, nes gweld heddwas ar y gorwel a diflannu fel llygod. Ond fyddai dim gobaith symud y stondinau hyn ar frys, felly rhaid eu bod yn gyfreithlon.

Dewisais het bêl-fas wen gyda llun o'r Colosseum ar y talcen a'r gair "Roma" mewn llythrennau coch, melyn, glas a gwyrdd. Os twrist, twrist.

Llipryn ifanc, byr, main, croenfrown, â golwg Indiaidd nad oedd yn gwbl Indiaidd, oedd y stondinwr. Cymerodd ein pum ewro, a holi (pam, tybed?) o ba wlad roedden ni'n dod. Ni ddeallai air o'm hateb, ond roedd ef ei hun yn dod o Bangladesh, meddai. Yna sylwais fod Bangladesh wedi gwladychu'r gornel hon o Rufain; gallai'r holl stondinwyr eraill gerllaw fod yn frodyr, cefndryd neu ewythredd i'n stondinwr ni.

»»»•«««

Dringasom staer wen lydan a gychwynnodd yn ymyl y stondinau a gorffen mewn *piazza* ddyrchafedig. A nawr roeddem ar fryn y Capitol, caer gadarn a man sancteiddiaf Rhufain Hynafol ... Draw fan'cw roed teml Jupiter Optimus Maximus ("Jupiter y Gorau a'r Mwyaf"), canolbwynt crefyddol yr Ymerodraeth ... a fan'na teml Juno Moneta gyda'i bathdy arian (a roddodd eiriau fel *mint* a *money* i lawer iaith) ... a'r Tabularium (yr archifdy gwladol) ... a dibyn Tarpeia, y teflid troseddwyr drosto i'w dienyddio ...

Ond cuddiwyd hynny oll (ac eithrio'r dibyn) ers talwm iawn gan adeiladwaith diweddarach: gorwedd teml Juno dan eglwys Santa Maria in Aracoeli, a'r gweddill dan bafin a phalasau'r Piazza del Campidoglio, lle roedden ni'n sefyll (ffurf Eidaleg ar "Capitol" yw "Campidoglio").

Cynlluniwyd y Piazza del Campidoglio gan Michelangelo ar gais y Pab Paul III i anrhydeddu ymweliad gan Siarl V, Ymherodr yr Almaen a brenin Sbaen, yn 1538. Siomwyd yr Ymherodr, gwaetha'r modd, am fod y gwaith yn dal ar ei hanner (os oedd wedi cyrraedd mor bell â hynny). Ni orffennwyd y palasau tan y ganrif ddilynol, a'r pafin nid tan 1940 (gan Mussolini).

Ond bellach mae'r Piazza'n brydferth! Ar dair ochr iddi cwyd tri phalas Dadenïaidd gosgeiddig, gyda philastrau, ffenestri uchel, arfbeisiau maen, a rhengoedd o gerfluniau ar ymyl y toeau. Mae'r bedwaredd ochr yn agored, gyda golwg eang dros Rufain tua chromen Sant Pedr. Ar hyd y pafin crwydrai cannoedd o ymwelwyr boreol siriol mewn sbectolau haul, yn llewys eu crys, cardiganau dros eu hysgwyddau. Bendigedig!

Dylen ni fod wedi ymweld â'r palasau, sydd heddiw'n amgueddfeydd nodedig, meddir. Ond gwell gennym oedd eistedd ar ris yn yr heulwen.

Yn ganolbwynt i'r Piazza safai cerflun efydd hardd, mwy na maint byw, o Rufeiniwr ar gefn ceffyl. Roedd y ceffyl ar ganol cam, un carn yn yr awyr, a'r marchog yn estyn llaw dde urddasol fel petai'n cydnabod cymeradwyaeth torf neu fyddin. Gwisgai glogyn, a thiwnig at ei pengliniau, ond dim arfwisg. (A dim gwartholion – ni welwyd mo'r rheiny yn Ewrop tan ganrifoedd wedyn.)

Y marchog oedd yr Ymherodr Marcus Aurelius, a lluniwyd y cerflun, mae'n debyg, yn ystod ei fywyd i'w osod mewn rhyw fan canolog yn Rhufain. Erbyn y 10fed ganrif roedd yn sefyll ger palas y Lateran, ond yn 1538, ar orchymyn y Pab, symudwyd i addurno'r Piazza del Campidoglio. (Symudwyd eto tua 1980 i ddiogelwch un o amgueddfeydd y Capitol, felly replica sydd i'w weld ar y Piazza.)

Marcus Aurelius oedd yr olaf o'r "Pum Ymherodr Da", sef Nerva (96-98 OC), Trajan (98-117), Hadrian (117-138), Antoninus Pius (138-161), a Marcus Aurelius ei hun (161-180). Dyna Ganrif Aur Rhufain, ym marn llawer. Yn *The History of the Decline and Fall of the Roman Empire*, dyddia Edward Gibbon ddechrau'r *Decline* i farwolaeth Marcus ac olyniaeth ei fab annheilwng Commodus.

Ffrwyth etifeddiaeth oedd y Pum Ymherodr Da, ond ffrwyth paradocsaidd. Traddodiad safonol Rhufain oedd bod Ymherodr, wrth farw, yn trosglwyddo'r Ymerodraeth i'w fab

– mab naturiol os oedd ganddo un, mab mabwysiedig os nad oedd. O orfod mabwysiadu, dewisai nid plentyn bach ond dyn galluog, cryf a phrofiadol a wnâi olynydd cymwys ar fyr rybudd. Yn rhyfedd ddigon, doedd gan na Nerva na Trajan na Hadrian nac Antoninus Pius fab naturiol, felly mabwysiadasant yn eu tro Trajan, Hadrian, Antoninus Pius a Marcus Aurelius. Yn anffodus, ni fedrai Marcus Aurelius fabwysiadu am fod ganddo fab naturiol – un heb allu ...

Mae Marcus Aurelius yn enwog yn bennaf am y *Myfyrdodau*, ei gyfrol o feddyliau personol ar bynciau moesegol, seicolegol ac athronyddol – stwff dwfn ond dealladwy a hyd yn oed darllenadwy. Nid rhyw athronyddu haniaethol, lan-yn-yr-awyr yw e chwaith, ond ymdrech ymarferol Marcus i ddeall a disgyblu ei natur ei hun, er mwyn cyflawni ei gyfrifoldebau – cyfrifoldebau anfeidrol Ymherodr Rhufain! – hyd eithaf ei allu. Goroesodd y *Myfyrdodau* yr Oesoedd Tywyll rywsut mewn cwpwl o lawysgrifau, a'i argraffu wedyn, a'i ddarllen gan lawer, gan ysbrydoli rhai. O ddwy brif iaith ddiwylliannol yr Ymerodraeth, Groeg a Lladin, dewisodd Marcus Roeg, iaith athroniaeth, i ysgrifennu'r *Myfyrdodau*.

Athronydd yw Marcus Aurelius i ni, cadfridog oedd i'w gyfoedion. Ar hyd y canrifoedd byddai pobloedd gwyllt anhysbys canol Ewrasia ar symud (oherwydd newyn mor aml â heb), gan wrthdaro â phobloedd eraill, a'r rheiny ag eraill, fel marblis, ar draws y cyfandiroedd, nes i'r rhai diwethaf dasgu dros ffin gwareiddiad i Tsieina bell neu i Ymerodraeth Rhufain. Treuliodd Marcus Aurelius ran helaeth o'i oes yn amddiffyn llinell y Daniwb rhag barbariaid fel y Marcomanni, Vandaliaid, Quadi a Sarmatiaid. Fe'u gorchfygodd i gyd, a marw yn Vienna yn 180 OC wrth drefnu'r heddwch. Ar y Daniwb y cyfansoddodd y *Myfyrdodau*, fel dihangfa. Ond ei waith yno oedd rhyfel.

Ond cerflun efydd o ddyddiau Rhufain Hynafol! ... Mae'r

rheina'n brin i'w ryfeddu heddiw, er iddynt fod yn ddau am ddimai unwaith ... Ysbeiliwyd Rhufain am y tro cyntaf yn 410 OC gan Alaric y Goth, wedyn gan Genseric y Vandal yn 455 a Ricimer y Suebiad yn 472, ac roedd hi ar ganol rhyfel hir difaol rhwng Gothiaid ac Ymherodr Constantinopl pan ymwelodd Zacharias, esgob Mytilene, â hi yn 546. Ond, er gwaetha'r holl ddistryw, amcangyfrifodd Zacharias (wn i ddim sut) fod 3,890 o gerfluniau efydd yno o hyd. Ond roedd y rhagolwg yn ddu. Condemniodd y Pab Bonifas IV gelfyddyd y Cynfyd fel "baw paganaidd", ac âi cerfluniau efydd Rhufain ar eu pen i'r ffwrneisi ailgylchu i wneud pethau defnyddiol megis cawg a chroes i gartref ac eglwys, arian bath, ac ymhen y rhawg magneli. O ganlyniad, ychydig iawn ohonynt sydd ar glawr heddiw, a'r rhan fwyaf o'r rheiny wedi'u darganfod trwy siawns mewn celciau tan ddaear.

Ond dewisodd yr awdurdodau Cristnogol, am amryw resymau, gadw ambell ddarn rhag y ffwrnais, ac yn eu plith y cerflun o Marcus Aurelius; er, yn eironig ddigon, trwy gamgymeriad; oherwydd credent mai portread o'u harwr Constantin Fawr, yr Ymherodr Cristnogol cyntaf, oedd ê.

※

Wrth eistedd yn yr haul yn y Piazza del Campidoglio, naturiol oedd meddwl am wyddau'r Capitol yn clegar yn 390 CC.

Rhyfedd ystyried mor bitw oedd "Ymerodraeth" Rhufain yr adeg honno. Roedd y Ddinas eisoes yn 363 blwydd oed (sefydlwyd, yn ôl traddodiad, yn 753 CC), ac ymhen tair neu bedair canrif byddai'n rheoli talpiau anferth o Ewrop, gorllewin Asia a gogledd Affrica. Ond ar ôl y 363 blynedd cyntaf hynny, roedd hi'n dal yn ddinod, heb estyn ei ffiniau tu hwnt i Veii, wyth milltir i ffwrdd. Gorchfygodd Veii yn 396 CC dan arweiniad Marcus Furius Camillus, un o'r cadfridogion enwocaf a gafodd Rhufain erioed. Ond, yn anffodus i Camillus, cafodd ei alltudio ychydig wedyn am gambocedu ysbail.

Ond os oedd Rhufain heb ehangu lawer, roedd hi heb gael ei darostwng chwaith, a gellid priodoli hynny, i raddau, i'r un achos a wnaeth yn bosibl ei lwyddiant ysgubol diweddarach, sef ei safle daearyddol eithriadol o ffafriol: ar gylch o fryniau, yn ymyl afon fordwyol, yng nghanol gorynys yr Eidal, ym mogail Môr y Canoldir, a hithau bob amser damaid yn gryfach na'i chymdogion ar y pryd. O'r sylfaen lwcus honno gallai helaethu ei thiriogaeth o gam i gam, nes yn sydyn roedd hi'n feistres byd.

Ond yn 390 cc daeth Rhufain o fewn trwch blewyn i gael ei chipio gan y Senones, un o'r llwythau Galaidd a fu'n dylifo ers blynyddoedd o ogledd Ewrop i'r Eidal. Celtiaid cytras â'r Cymry oedd y Senones, yn siarad iaith gytras â'r Gymraeg. Yn ôl yr hanesydd Titus Livius, daeth y Senones (dan frenin o'r enw Brennus) o Ddyffryn Po trwy Etruria nes cwrdd â byddin Rufeinig wrth afon Allia ger Rhufain. Bu brwydr aruthrol ac yn absenoldeb Camillus chwalwyd y Rhufeiniaid yn llwyr. Lladdwyd llawer, llochesodd rhai yn Veii, a dihangodd dyrnaid yn ôl i Rufain, heb wybod tynged y lleill.

Yn sgîl eu buddugoliaeth, gorymdeithiodd y Senones ar Rufain. Nid oedd digon o Rufeiniaid i amddiffyn y muriau, felly ciliasant i fryn y Capitol, gan adael gweddill y Ddinas i'r Galiaid. Ond nid oedd lle ar y Capitol i bawb, dim ond i'r milwyr a'u teuluoedd. Bu'n rhaid i'r lleill ffoi am noddfa i'r wlad a'r trefi cyfagos.

Ond roedd rhai hynafgwyr – cyn-swyddogion pendefigaidd y Ddinas – yn rhy falch i ffoi, er yn rhy eiddil i ymladd. Disgynasant gyda'i gilydd o'r Capitol, gwisgo amdanynt eu dillad mwyaf rhwysgfawr, dodi eu cadeiriau ifori swyddogol o flaen eu tai, ac eistedd yno fel delwau i ddisgwyl eu ffawd.

Daeth y Galiaid trwy byrth agored Rhufain a chrwydro'r strydoedd gwag yn syn, nes dod o hyd i'r pendefigion yn eu gwychder, a'u hastudio â pharchedig ofn, heb niweidio neb. Yna tynnodd un o'r Galiaid ei law dros farf hir lwyd hen uchelwr o'r enw Marcus Papirius, gan ei wylltio o'i go. Trawodd Papirius y Galiad â'i ffon ifori; ac ar hynny lladdodd y Galiaid ef a'i holl gyfeillion, ac ymroi i anrheithio'r Ddinas.

Ceisiodd y Galiaid ymosod ar y Capitol, ond roedd y llethrau'n ddyrys a serth, a gyrrodd yr amddiffynwyr nhw ymaith yn hawdd. Felly dechreusant ei warchae.

Ymosododd y Galiaid eto, liw nos. Yn ddistaw ddistaw dringodd carfan fach i fyny'r dibyn, gan fwriadu agor llwybr i'r lleill. Cyraeddasant y gopa heb dynnu sylw na gwarchodwyr na chŵn, ond yn sydyn dechreuodd gwyddau sanctaidd teml Juno glochdar nerth eu pennau, gan ddeffro'r Rhufeiniaid mewn pryd i luchio'r gelyn yn ôl. (Tipyn o wyrth dan amodau gwarchae, tybiai Titus Livius, oedd bod y gwyddau'n dal yn groeniach.)

Ond maes o law gorfodwyd y Rhufeiniaid gan newyn i ofyn am delerau, a chytunodd Brennus i godi'r gwarchae mewn cyfnewid am fil pwys o aur. Ond ffugiodd y Galiaid y glorian, a phan aeth y Rhufeiniaid â'r aur i'w bwyso, doedd dim digon ohono i droi'r fantol, a mynnodd y Galiaid ragor. Protestiodd y Rhufeiniaid, ond atebodd Brennus â geiriau ac ystum sydd ill dau wedi dod yn ddiarhebol: "*Vae victis!* – Gwae i'r gorchfygedig!" meddai, gan daflu ei gleddyf i'r glorian.

Ond wrth i'r Rhufeiniaid fynd ati i gasglu'r aur ychwanegol, dychwelodd Marcus Furius Camillus o'i alltudiaeth. Daeth â'r milwyr o Veii a gwneud y fath gyflafan o'r Galiaid "fel nad oedd dyn ar ôl i gario neges amdani". A dyna ddiwedd y barbariaid olaf i anrheithio Rhufain tan Alaric y Goth, wyth can mlynedd yn ddiweddarach.

Ond clegar gwyddau'r Capitol! ... Gwelodd Titus Livius

iddo fod yn dyngedfennol bwysig ... Ond iddynt glegar, gallai'r Senones – pwy a ŵyr? – fod wedi meddiannu Rhufain, y safle delfrydol hwnnw i lansio ymerodraeth ... Gallai byddinoedd Celtaidd, nid Rhufeinig, fod wedi ymledu i bedwar ban byd ... Ac iaith Gelteg, nid Lladin, fod wedi gorlifo gorllewin Ewrop (a chyfandiroedd eraill yn y man) ... A diwylliant Celtaidd fod erbyn heddiw yn sylfaen diwylliant byd ... Ond fel arall y penderfynodd y duwiau – gadawsant i'r gwyddau glegar!

➤➤➤◄◄◄

Islaw'r Capitol estynnai'r Forum, canolfan busnes a bywyd pob dydd Rhufain glasurol. Ond wrth inni gychwyn tuag ato, wele ar ben colofn gerflun adnabyddus arall (neu'n hytrach replica eto: mae gwreiddiol hwn hefyd mewn amgueddfa gerllaw).

Y Lupa Capitolina, neu "Bleiddast y Capitol", oedd hi. Mae'n arwyddlun heddiw i ddinas Rhufain ac (yn bwysicach efallai?) i dîm pêl-droed AS Roma. Ond roedd hi'r un mor enwog ddwy fil o flynyddoedd yn ôl, pan ysgrifennodd Cicero a Plini'r Hynaf amdani.

Dengys y cerflun hen fleiddast wydn, herfeiddiol, ar ei sefyll, gyda thethi gorlawn trwm, a dau fabi bach yn cyrcydu dani gan ymbalfalu am ei llaeth. Gwaith cyfansawdd yw e. Mae'r anifail yn blaen ac amrwd, a bu'n arferol, ar sail arddull, i'w briodoli i ryw grefftwr Etrwsgaidd anhysbys o'r 5ed ganrif CC. Ceriwbiaid bach blonegog Dadenïaidd, ar y llaw arall, yw'r babanod, ac fe'u lluniwyd yn go bendant yn y 15fed ganrif OC. Bu'n dipyn o sioc, felly, rai blynyddoedd yn ôl, pan ddangosodd prawf radiocarbon nad oedd y fleiddast (neu'r fersiwn bresennol ohoni) fawr hŷn na'r ceriwbiaid, ond yn dyddio o'r 11eg neu'r 12fed ganrif. Felly nid y creadur a welodd Plini a Cicero ydyw, ond efelychiad. Ond, os felly, beth ddigwyddodd i'r gwreiddiol? ...

Cyfeirio mae'r cerflun at un o'r chwedlau am sefydlu dinas Rhufain ... Unwaith roedd brenin o'r enw Numitor yn teyrnasu ar dref Alba Longa, yn y bryniau ger lle mae Rhufain heddiw. Roedd ganddo frawd, Amulius, a merch, Rhea Silvia. Cipiodd Amulius yr orsedd oddi arno, a gorfodi Rhea Silvia i ddod yn Wyryf Vestalaidd fel na allai fagu etifeddion.

Er gwaethaf hynny, ac yn anffodus i Amulius, esgorodd Rhea Silvia ar ddau fab gefell, Romulus a Remus. Rhoes hi un o'r esgusion amlwg am feichiogi, sef iddi gael ei threisio gan dduw (yn yr achos hwn, Mars). Cosbodd Amulius hi trwy ei rhoi yng ngharchar (mewn oes ddiweddarach buasai'r gosb yn llymach, fel y dengys ffawd Cornelia yn nes ymlaen). Dodwyd y babanod mewn basged a'u gadael ar lan afon Tiber i gael eu boddi pan godai'r dŵr (onid adlais o thema lên-gwerinol "Moses yn yr hesg"?)

Ond unwaith eto bu Amulius yn anlwcus. Daeth bleiddast o hyd i'r plant a'u coleddu a'u bwydo (thema'r "plentyn gwyllt"). Yn nes ymlaen, dan ofal y bugail Faustulus, tyfasant yn llanciau cryf a nwyfus. Wedi dysgu am eu tras, lladdasant Amulius ac adfer Numitor i orsedd Alba Longa.

Nesaf mynnodd Romulus a Remus sefydlu eu dinas eu hun, ond roedd cystadleuaeth a chenfigen rhyngddynt (thema "Cain-ac-Abel"). Digiodd Remus ei frawd trwy neidio'n ddirmygus dros fur amddiffynnol a adeiladwyd ganddo. Felly lladdodd Romulus Remus a rhoi ei enw ei hun ar y ddinas.

≫≫⋘⋘

O fryn y Capitol roedden ni'n edrych i lawr ar y Forum a throsto i fryn y Palatin. Nid yw'n ardal fawr, dim ond ychydig erwau o adfeilion. Ond y Forum oedd calon Rhufain yn amser y Republic, a phan ddisodlwyd y Republic gan yr Ymerodron, ar y Palatin y trigai'r rheiny. Dyma gadarnleoedd Arglwyddi'r Ddaear, y treiddiai eu grym i ddyfnderoedd tri chyfandir.

Llawn ysblander oedd y Forum yn nyddiau ei ogoniant: temlau, basilicâu (lle cynhelid llysoedd barn), pyrth triwmffaidd, neuaddau, swyddfeydd – a'r cwbl o farmor gwyn llachar.

Diffeithwch ydyw heddiw. Erys sawl porth triwmffaidd creithiog, ychydig o golofnau dewr goroesol, ac ambell adeilad a gadwyd oherwydd ei droi'n eglwys. Ond murddunod di-lun, fel dannedd toredig, sydd i'w gweld gan mwyaf: effaith canrifoedd o ddadfeilio, ysbeilio ac o'r diwedd archaeolegu.

Gallech ddisgwyl y byddai'r Forum clasurol wedi cael ei gladdu'n anadferadwy dan drwch o adeiladau Rhufain ganoloesol. Ond i'r gwrthwyneb; cefnwyd arno, wrth i Rufain Gatholig ail-leoli ychydig i'r gogledd. Gwelir hyn mewn dau ddarlun hardd (a hynod debyg) a beintiwyd o'r Forum tua'r un adeg gan ddau arlunydd enwog, Herman van Swanevelt (tua 1631) a Claude Lorrain (yn 1636). Dangosant, yn fras, yr un colofnau, temlau a phyrth triwmffaidd ag a saif heddiw, ynghyd â rhai adeiladau diweddarach sydd bellach wedi diflannu. Ond tir gwastraff gwastad yw'r rhan fwyaf o'r Forum, ac anifeiliaid yn pori arno. A rhoddwyd i'r ddau lun yr un teitl huawdl: *Campo Vaccino* – "Cae'r Gwartheg"! Ys dywedodd David Davis am Blas Ffynnon Bedr:

A mynych yr ych o'r iau
Bawr lawr ei gwych barlyrau.

※

Dwy ganrif yn ddiweddarach, yn 1839, peintiwyd y Forum yn harddach fyth gan arlunydd nid llai enwog, J. M. W. Turner.

Lliwiau, goleuni, cysgodion, amhendantrwydd gloyw – mae'n llun godidog! Mae'r teitl yn ddigon tebyg i rai Van Swanevelt a Claude Lorrain: *"Modern Rome – Campo Vaccino"*; a hyd y gellir barnu trwy'r niwl Turneraidd, doedd yr olygfa chwaith ddim wedi newid lawer – llai o wartheg, mwy o eifr, efallai. Prynwyd y llun yn 1878 am 4,450 gini gan y pumed Iarll Rosebery (fu'n brif weinidog wedyn) a'i briodferch Hannah de Rothschild ar eu mis mêl; a'i werthu yn 2010 gan un o ddisgynyddion yr Iarll i'r J. Paul Getty Museum am $45 miliwn. (*"We really wanted this one,"* meddai un o'r cyfarwyddwyr.) Buasai'r Rhufeiniaid (neu o leiaf yr *honestiores*) wrth eu bodd. Dau beth roedden nhw'n eu deall a'u gwerthfawrogi oedd peintiadau pert ac arian.

⫸⫷

Mae'n syndod bod Forum van Swanevelt a Lorrain mor dawel borfaol ei olwg, oherwydd, yn eu cyfnod nhw, chwarel oedd e. Ar hyd yr Oesoedd Tywyll, pan oedd Rhufain yn diboblogi, adfeiliodd ei hadeiladau yn eu hamser da eu hun – ambell glec a chraitsh, efallai, wrth i do ddisgyn neu golofn sigo. Ond yna, wrth i'r Rhufain newydd dyfu, yn newynog am garreg a marmor, bwytaodd hi'r hen. Byddai Pabau, mewn cyfnewid am ran o'r elw, yn trwyddedu adeiladwyr i gymryd meini. Yn 1452 symudodd un contractwr 2522 lond cert o gerrig trafertin o'r Colosseum. Rhwng 1541 a 1549 dinistriwyd pyrth triwmffaidd Fabius Maximus a'r Ymherodr Augustus, temlau Julius Caesar, Vesta, Augustus, Vortumnus a Castor a Pollux, a darn o garthffos y Cloaca Maxima. O hen farmorau Rhufeinig yr adeiladwyd Basilica Sant Pedr a phalasau uchelwyr. Ailgylchwyd Rhufain Glasurol i wneud Rhufain y Dadeni.

Parhaodd y difrodi i'r ganrif nesaf, tan amser van Swanevelt, Lorrain a'u cydoeswr pwerus Maffeo Barberini, a ddaeth yn

Bab fel Wrban VIII (1623-1644), un o'r ysbeilwyr nodedicaf. Dinoethodd hwn y Colosseum o'i farmor a dwyn trawstiau efydd y Pantheon i wneud magneli ar gyfer Castel Sant'Angelo, nes i ryw ddigrifwr dienw lunio'r epigram Lladin adnabyddus:

Quod non fecerunt barbari, fecerunt Barberini.
Yr hyn na wnaeth y barbariaid, gwnaeth y Barberini.

※※

Disgynnon ni allt y Capitol ac ar unwaith roedden ni ar y Via Sacra – y "Ffordd Sanctaidd". Doedd hi ddim yn drawiadol iawn o ran na maint nac urddas: rhyw dri chanllath o hyd gydag adfeilion ar bob llaw, ac yn rhy gul i ddwy gert basio'i gilydd yn gysurus. Ond hon, yn ei hamser, oedd stryd enwocaf a phwysicaf Rhufain a'r Ymerodraeth, yn cyfuno cymaint, onid mwy, o rym, cyfoeth, cyfraith, crefydd a *chic* â Pennsylvania Avenue, Wall Street, yr Old Bailey, Piazza Sant Pedr a'r Champs-Élysées gyda'i gilydd.

Gyferbyn â ni safai'r Curia – Tŷ'r Senat. Yn ei ymyl ymestynnai'r Comitium – maes cyfarfod y Bobl. Dyna ddau gorff llywodraethol Rhufain yn anterth ei thyfiant: Senat a Phobl Rhufain: *Senatus Populusque Romanus*: S.P.Q.R. – y llythrennau y byddai'r llengoedd gynt yn eu dangos ar eu stondardau, ac a welir heddiw, trwy ryw gwymp hynod, ar gaeadau *manholes* Rhufain.

Codwyd y Tŷ Senat cyntaf, credir, gan y brenin Tullus Hostilius oddeutu 650 CC, yn nyddiau ieuenctid Rhufain. Adferwyd yn 80 CC, llosgwyd yn 52 CC, cychwynnwyd o'r newydd gan Julius Caesar yn 44 CC, ailgynlluniwyd gan yr Ymherodr Domitian yn 94 OC, llosgwyd eto dan yr Ymherodr Carinus yn 283 OC, ac adferwyd eto gan yr Ymherodr Diocletian tua 300 OC; a dyna'r adeilad a welwn heddiw, sy'n dal i sefyll am i'r Pab Honorius I ei droi'n eglwys – eglwys Sant Adrian y Forum – yn 630 OC. Dilewyd yr addurnwaith paganaidd gan y Cristnogion, a'r addurnwaith Cristnogol gan Mussolini yn y 1930au (mewn ymdrech i ddychwelyd y Curia i'w gyflwr cynhenid), a diddymwyd y croen allanol o farmor gan dreigl amser, fel nad erys heddiw ond adeilad o frics gwgus syml.

Roedd y tu mewn bron mor blaen â'r tu allan: ochr arall y wal frics (heb ei gwynnu gan yr haul); cwpwl o sarcoffagi (pam?); llawr mosaig â phatrwm haniaethol; a swyddfa neu ddwy yn yr ymylon.

Ni fesurai'r siambr ond 83 wrth 58 troedfedd, gyda lle i ryw 300 o senatoriaid eistedd. Mwy na thebyg y trowyd yn eglwys am ei fod o faint mor gyfleus.

Rhaid bod absenoliaeth ymysg senatoriaid yn rhemp, oherwydd nid 300 ond tua 2000 oedd yr aelodaeth pan adnewyddwyd yr adeilad gan Diocletian. Os oedd absenoliaeth debyg ar ddiwedd y Republic, pan oedd oddeutu 600 aelod, gallai Tŷ'r Senat fod bron yn wag ar brydiau, fel y gwelwn ni Dŷ'r Cyffredin yn aml ar y teledu.

Byddai senatoriaid Rhufain yn edrych i lawr eu trwynau ar ein haelodau seneddol heddiw, rwy'n tybio. Roedd eu haddysg yn fwy trylwyr, eu cyfoeth yn llawer iawn mwy sylweddol, eu bri cymdeithasol yn anfeidrol uwch (*crème de la crème* yr *honestiores* oeddent), a doedd dim gwasg "ymchwiliadol" gas i sgandaleiddio'r cyhoedd am eu pechodau. Câi senator llwyddiannus, gyda lwc, gyfle i lywodraethu talaith neu arwain byddin. Gwell na dim, adeg yr ymerodron, doedd dim cystadleuaeth anweddus am seddau, achos dim ond meibion senatoriaid a allai ddod yn senatoriaid, ac eithrio'r rhai – mwy breiniol fyth – a benodid gan yr Ymherodr ei hun.

Ac eto, er na chaent eu hethol, "cynrychiolwyr" oeddent yn

eu ffordd; oherwydd dewisai'r ymerodron senatoriaid o bob cwr o'r Ymerodraeth – dyna ran o'r glud a gadwai'r cyfan at ei gilydd. Deuai senatoriaid o Sbaen, Gâl, Affrica, Asia, y Balcanau – o bob talaith bron, hyd y gwn, ond Britannia.

O ran eu pwerau, gwelir cryn debygrwydd rhwng Senat Rhufain a Senedd Llundain, yn ostyngedig ill dau i arglwydd unbenaethol â'i ddwylo'n gadarn ar awenau grym: y naill i'r Ymherodr, y llall i'r Prif Weinidog. Ond yn rhychwant eu cyfrifoldeb ceid gwahaniaeth mawr: un yn gofalu am ynys gyfyng, y llall am dri chwarter o'r byd hysbys.

⸎

Roedd yn bryd inni gael saib eto. Cawsom sedd hanner canllath o'r Curia ar delpyn o graig o flaen Porth Triwmffaidd yr Ymherodr Septimius Severus. Dyna un o dri phorth triwmffaidd sydd i'w gweld heddiw hwnt ac yma yn y Forum; perthyn y lleill i'r Ymerodron Titus a Constantin Fawr.

Unig bwrpas porth triwmffaidd oedd mynegi rhwysg, ymffrost a gogoniant – doedd iddo ddim swyddogaeth "ymarferol". Y Rhufeiniaid eu hun a'i dyfeisiodd, a chodwyd dwsinau ohonynt trwy'r Ymerodraeth. Yr efelychiadau modern enwocaf yw'r Arc de Triomphe a'r Brandenburger Tor ond y mwyaf o ran maint yw'r un yn Pyongyang sy'n coffáu'r Arlywydd Tragwyddol Kim Il Sung. Agorwyd yn 1982 ac mae'n mesur 60 metr o uchder a 50 metr o led.

Dim ond 21 wrth 23 metr oedd mesur Porth Septimius Severus, ond roedd hynny'n ddigon. Roedd yn hardd, urddasol a chymesur, gyda dwy adwy fach ar bob ochr ac un fawr yn y canol gyda thwristiaid yn ymlwybro trwyddi. Roedd y waliau gwyn yn frith o luniau cerfiedig, a thros ben y cyfan gorweddai clamp o faen solet gydag arysgrif Ladin hir.

Roedd y cerfiadau'n darlunio buddugoliaethau Septimius yn 197-9 OC yn erbyn y Parthiaid (a drigai lle mae Irac ac Iran heddiw). Dangosent fyddinoedd yn teithio a brwydro, dinasoedd dan warchae, peiriannau rhyfel, brenhinoedd yn ildio, Ctesiphon prifddinas Parthia yn syrthio, carcharorion yn cael eu harwain ymaith ... Yn ôl yr arysgrif roedd y Porth yn mawrygu Septimius a'i fab hynaf Caracalla (dim sôn am Geta, y mab arall).

Roedd Septimius Severus yn un o ymerodron galluocaf Rhufain; ond roedd yn lwcus i fod yn ymherodr o gwbl, heb sôn am gael cyfle i godi Porth Triwmffaidd mor wych.

Dechreuodd lwc Septimius yn 180 OC pan fu farw'r ymherodr mawr Marcus Aurelius a gadael yr Ymerodraeth i'w fab dwl Commodus. Roedd Commodus ei hun yn llanc neilltuol o olygus ac yn hoff iawn o gerbydau rasio a sioeau gladiatoriaid, ac oherwydd hynny roedd yn eithaf poblogaidd gan y werin. Enillodd ffafr y Gwarchodlu Praetoraidd hefyd, trwy lacio disgyblaeth. Ond cefnodd ar y cynghorwyr glew a etifeddodd oddi wrth ei dad, gan ymddiried y llywodraeth i gyfres o ffefrynnau amheus.

Daeth yr her gyntaf i Commodus oddi wrth ei chwaer hŷn, Lucilla; ac mae'n stori ddigon anhygoel, am hanes brawd a chwaer. Yn ystod blynyddoedd olaf Marcus, pan oedd yn ŵr gweddw, Lucilla oedd merch flaenaf yr Ymerodraeth. Roedd ganddi'r hawl i'r seddau gorau mewn adloniannau, câi tân sanctaidd ei gario o'i blaen, a mwynhâi holl fri ac ysblander ymerodres, gyda'r teitl Augusta. Ond pan ddyrchafwyd Commodus yn ymherodr, a'i wraig ifanc Crispina yn ymerodres, llithrodd Lucilla i'r ail safle, ac roedd hi'n genfigennus. Felly cynllwynodd gyda nifer o senatoriaid i lofruddio ei brawd Commodus, trwy gyfrwng gŵr ifanc o'r enw Quintianus.

Roedd cynllun Quintianus yn debyg i un Cassius Chaerea, a laddodd Caligula ers talwm, fel y cofiwn, ond yn llai llwyddiannus. Cuddiodd mewn man cysgodol ger mynedfa'r amffitheatr, ac wrth i Commodus fynd heibio, tynnodd ddagr a neidio allan arno gan weiddi, "Wele anrheg iti oddi wrth y Senat!" Ond yn lle taro parhaodd â'i araith, a chafodd ei restio tra'n dal i siarad. Dienyddiwyd ef, ynghyd â llawer o senatoriaid a Lucilla ei hun, a bu'n ddigwyddiad anffodus iawn, oherwydd o hynny allan roedd Commodus a'r Senat yn elynion marwol.

Dechreuodd Commodus ymddwyn yn odiach ac odiach, yn llai a llai tebyg i ymherodr. Fel Nero o'i flaen, teimlodd yr awydd i berfformio'n gyhoeddus – nid fel cerddor, fodd bynnag, ond fel gladiator. Ni feiddiai'r gladiatoriaid eraill ymladd o ddifrif ag ef rhag ofn ei anafu, felly dewisodd Commodus rôl heliwr mewn sioeau bwystfilod, am fod ganddo ddawn ryfeddol am anelu saeth neu waywffon. Daethpwyd ag anifeiliaid o bellafoedd byd i gael eu cyflafanu ganddo er difyrrwch y torfeydd. Unwaith, yn yr arena, lladdodd union gant o lewod ag union gant o dafliadau o'i waywffyn di-feth. Pan gludwyd estrysiaid iddo o Mauretania, archebodd saethau arbennig, gyda blaenau llydan, i'w hela: wrth i'r creaduriaid garlamu heibio, torrwyd eu gyddfau gan saethau dan yr ên, a rhedasant yn eu blaenau heb eu pennau. Yn lle "Commodus mab Marcus" cymerodd yr enw "Heracles mab Zeus", ar ôl yr hanner-duw oedd yn enwog am ei nerth. Gwisgai fel Heracles, gyda chroen llew yn fantell a phastwn pren dros ei ysgwydd. Roedd yn wallgof efallai; yn anghymwys i fod yn ymherodr; ac yn mynd o ddrwg i waeth.

Bob dydd Calan, fel rhan o ddathlu'r flwyddyn newydd, arferai'r ymherodr ddod allan o'r palas ac ymddangos gerbron y bobl yn ei wisg borffor ymerodrol seremonïol. Ond ar ddiwrnod olaf 192 OC hysbysodd Commodus ei gyfrin gyngor o gyfeillion agosaf – Marcia ei ordderch, Eclectus ei brif siambrlen, a Laetus y Praefectus Praetoraidd – ei fod am dorri'r arferiad: bwriadai gychwyn ei orymdaith nid o'r palas ond o wersyll y gladiatoriaid, gyda gosgordd o gladiatoriaid, ac yn gwisgo nid porffor ond arfwisg gladiator. Roedd yn syniad gwarthus! Gwnaeth ei gyfeillion eu gorau glas i newid ei feddwl, ond yn ofer. Bu ffrae ddychrynllyd, a chiliodd Commodus yn ffyrnig i'w swyddfa, lle bu'n ysgrifennu am sbel ar dabled ysgrifennu cyn ymneilltuo i'w faddondy.

Roedd yn ffasiwn ar y pryd i Rufeiniaid cyfoethog gadw "plentyn tegan" – rhyw geriwb bach hoff a redai trwy'r tŷ yn gwisgo dim ond tlysau drudfawr; ac roedd gan Commodus anwylyn o'r fath, o'r enw Philocommodus – "Caru-Commodus". Ar ôl i Commodus fynd i'r baddondy, piciodd Philocommodus yn ddiniwed i'w swyddfa, cipio'r dabled ysgrifennu, a chrwydro ymaith, nes i Marcia ddod ar ei draws a chymryd y dabled oddi arno rhag ofn ei bod yn bwysig.

Ac mi roedd yn bwysig! Arni roedd Commodus wedi nodi rhestr hirfaith o unigolion y golygai eu rhoi i farwolaeth y noson honno, gan gynnwys Marcia, Eclectus, Laetus a llaweroedd o'r prif senatoriaid. Mi allech chi deimlo bod rhestr Commodus yn ddim mwy na chri plentyn sydd, ar ôl ffrwgwd teuluol, yn mynd i'w stafell a sgriblo "Mae'n gas gen i Mami, mae'n gas gen i Dadi, mae'n gas gen i fy chwaer, mae'n gas gen i'r ci," ond nid dyna ddehongliad Marcia. Ymgynghorodd ag Eclectus a Laetus a'u casgliad oedd bod rhaid lladd Commodus cyn iddo ef eu lladd nhw. Cynigiodd Marcia ddiod wenwynllyd iddo pan ddychwelodd o'r baddon. Pan fethodd honno, talasant swm anferth i was i'w lindagu.

Nawr roedd corff ymherodr ar eu dwylo. Beth i'w wneud ag ef? Yn gyntaf oll rhaid oedd celu'r llofruddiaeth, i osgoi dial a therfysg. Am mai nos Galan oedd hi, roedd gwarchodwyr y palas wedi meddwi. Smyglwyd y corff heibio iddynt, wedi'i lapio mewn hen ddillad gwely, a'i gludo ar gert i guddfan yn y wlad. Lledwyd si, digon credadwy, bod yr ymherodr wedi marw o apoplecsi, wedi'i achosi gan ei orfwyta a goryfed adnabyddus.

Nesaf – yr ymherodr newydd. Ystyriodd y tri chynllwyniwr pwy, o'r ymgeiswyr posibl, fyddai'n fwyaf derbyniol gan yr amryw bwerau, sef y Senat, y Praetoriaid a chadfridogion y byddinoedd ar y ffin. Eu dewis oedd Helvius Pertinax, 66 oed, ac aethant yn syth i'w dŷ, ganol nos, gyda chriw o filwyr, i'w hysbysu o hynny. O'u gweld, arswydodd – credai eu bod am ei ladd. Ond cyn y wawr, ar berswâd Laetus, cyfarchwyd Pertinax fel ymherodr gan y Praetoriaid, ac yn fuan wedyn gan y Senat. I'r Praetoriaid addawodd *donativum* o 12 mil *sestertius* y dyn am eu cefnogaeth – cyfartal i gyflog sawl blwyddyn ond yn llai na'r 15 mil a dalodd Claudius (fel y cofiwn) ganrif a hanner ynghynt.

Roedd Pertinax yn enghraifft drawiadol o'r "symudedd cymdeithasol" oedd yn bosibl, weithiau, yn Rhufain. Bu ei dad yn gaethwas, ond rhyddhawyd, ymgyfoethogodd a rhoddodd addysg i'w fab. Daeth Pertinax yn ysgolfeistr, yna ymunodd â'r fyddin fel canwriad. Dringodd o reng i reng, daeth yn gadfridog, penodwyd i'r Senat, rheolai lengoedd ar y Daniwb, bu'n gonswl ddwywaith, llywodraethodd daleithiau Moesia, Dacia, Syria, Britannia ac Africa (sef ardal y Tunis bresennol). Enynnodd atgofion o oes aur Marcus Aurelius, pan gododd gyntaf i fri. Ymgnawdolai rinweddau urddasol traddodiadol Rhufain. Dyma ddyn o brofiad a llwyddiant: ymherodr teilwng, fel yn y dyddiau gynt.

Aeth Pertinax ati i sefydlu llywodraeth gyfiawn, gan geisio, ymysg polisïau llesol eraill, adfer disgyblaeth y Gwarchodlu Praetoraidd a dileu breintiau gormodol gweision y palas. Roedd hynny'n boblogaidd gan bawb ond y Praetoriaid a'r gweision. Ar ddiwedd Mawrth 193, pan oedd Pertinax wedi teyrnasu am 86 o ddyddiau, daeth carfan o'r Praetoriaid i'r palas i'w ladd. Yn sydyn doedd neb o weision y palas yno i'w amddiffyn. Gallai Pertinax ei hun fod wedi ffoi, ond gwell ganddo oedd sefyll ei dir fel Ymherodr ac ymresymu â'r Praetoriaid. Eu hateb oedd ei dorri i lawr.

Wedi dad-wneud un ymherodr, credai'r Praetoriaid fod ganddynt hawl i wneud yr un nesaf. Ymgynullasant yn eu gwersyll, cau'r pyrth, a dodi eu gweiddwyr gorau ar ben y mur, gyda chyfarwyddyd i gyhoeddi ocsiwn. Gwrthrych yr ocsiwn oedd yr Ymerodraeth. Roedd yn syniad hollol newydd. Câi pwy bynnag a gynigiai'r *donativum* uchaf i'r Praetoriaid fod yn Ymherodr.

Denodd yr ocsiwn ddau gystadleuydd, Flavius Sulpicianus a Didius Julianus. Roedd Sulpicianus yn gyn-gonswl ac yn dad-yng-nghyfraith i'r diweddar Pertinax, ac fel Praefectus y Ddinas roedd eisoes tu mewn i'r gwersyll yn ceisio ailsefydlu trefn. Bu'n rhaid i Didius, a gyrhaeddodd yn ddiweddarach, sefyll tu allan i'r muriau ac ymgyrchu trwy godi placardiau. Cynnig uchaf Sulpicianus oedd *donativum* o 20 mil *sestertius* y dyn. Curodd Didius hynny â 25 mil, ynghyd â rhybudd y byddai Sulpicianus, petai'n ymherodr, yn sicr o ddial ar y Praetoriaid am wneud ei ferch yn weddw. Felly Didius a etholwyd, a chadarnhawyd hynny gan y Senat.

Doedd dim rheswm amlwg pam na ddylai Didius Julianus fod yn ymherodr. Cafodd yrfa bron mor nodedig â Pertinax, fel cadfridog ac fel llywodraethwr taleithiau – dilynodd Pertinax yn Africa, a bu'n gonswl yr un pryd ag ef. Os gallai Pertinax fod yn ymherodr, tybiai Didius, gallai yntau. Ond gwrthodai'r bobl ei dderbyn. Roedden nhw'n tagu ar yr ocsiwn 'na. Roedd yn ffordd rhy gywilyddus o ddewis ymherodr, yn eu barn nhw.

Hefyd yn erbyn Didius roedd y tri grymusaf o gadfridogion y ffin, pob un yn meddu ar fyddin gref a'r argyhoeddiad fod ganddo lawn cymaint o hawl i'r Ymerodraeth â Didius. Y tri oedd Pescennius Niger yn Syria, Septimius Severus ar y Daniwb a Clodius Albinus yn Britannia. Pescennius Niger oedd

ffefryn y werin, a fwynhâi siantio "Niger Ymherodr!" yn y
Circus Maximus, yn enwedig os oedd Didius yn bresennol. Pan
glywodd am hyn, credai Pescennius fod ganddo'r Ymerodraeth
ar blât, a pharatôdd i fartsio ar Rufain.

Ond achubwyd y blaen arno gan Septimius Severus, 48 oed,
milwr egnïol, uchelgeisiol, caled a chraff, a deuddeg cant o
filltiroedd yn nes na Pescennius at Rufain. Roedd Septimius yn
arbenigwr cyfrwys ar astroleg a breuddwydion, a chwe mlynedd
ynghynt roedd wedi priodi Julia Domna, chwarter canrif yn
iau nag ef, am fod ei horosgop yn dweud y byddai ei gŵr yn
frenin. Roedd Julia, a hanai o deulu archoffeiriadol yn Syria, yn
bersonoliaeth ac athronyddes yn ei hawl ei hun. Roedd hi wedi
rhoi dau fab i Septimius: Caracalla (ganed Ebrill 188) a Geta
(Mai 189).

Cymerodd tua deg diwrnod i'r newydd am ladd Pertinax
gyrraedd Septimius Severus a'i symbylu i gynnig am
yr Ymerodraeth. Bu Pertinax yn gadfridog llwyddiannus a
phoblogaidd ar y Daniwb, a phenderfynodd Septimius fanteisio
ar hynny. Ychwanegodd "Pertinax" at ei enw ei hun; dywedodd
mai dial ar lofruddwyr Pertinax oedd ei nod; a lledaenodd hanes
rhyfedd am freuddwyd a gafodd (meddai) pan wnaed Pertinax
yn ymherodr.

Yn y freuddwyd roedd Septimius yn sefyllian yn y Forum
yn Rhufain, pan welodd ef Pertinax yn marchogaeth tuag ato
ar hyd y Via Sacra ar gefn ceffyl mawreddog mewn harnais
ymerodrol. Yn ddisymwth taflodd y ceffyl Pertinax i'r llawr
gan godi Septimius yn ei le a'i gario i ganol y Forum fel y gallai
pawb ei anrhydeddu. Neges amlwg y stori oedd bod Septimius
wedi'i ragordeinio i ddilyn Pertinax fel ymherodr; a gwnaeth
hynny argraff ddofn nid yn unig ar filwyr Septimius ond ar y
Rhufeiniaid oll, oedd yn gredinwyr cryf mewn breuddwydion ac
argoelion.

Cyfarchwyd Septimius fel "Ymherodr" gan ei filwyr, casglodd y llengoedd cyfagos dan ei faner, a chychwynnodd am Rufain. Teithiodd yn ysgafn a chwim, ac ef ei hun yn gorymdeithio a gwersylla gyda'r milwyr cyffredin. Cyrhaeddodd yr Eidal cyn y newydd am ei ddod, ac wrth iddo ysgubo i lawr yr orynys, agorodd dinas ar ôl dinas eu pyrth iddo a'i groesawu â garlantau.

Disgynnodd arswyd ar Rufain. Gwyddai pawb na allai'r Praetoriaid, er mor ormesol oeddent yn y ddinas, fyth wrthsefyll byddin wytnach, fwy profiadol, fwy niferus y Daniwb. Roedd ar bawb ofn Septimius Severus. Cynigiodd Didius Julianus rannu'r Ymerodraeth ag ef, yna ceisiodd ymddiorseddu, ond ffodd ei gorffgeidwaid a llofruddiwyd ef yn y palas gan filwyr a anfonwyd gan y Senat. Roedd wedi teyrnasu am ryw 66 o ddyddiau, ac etholodd y Senat Septimius yn ymherodr yn ei le.

Problem gyntaf Septimius, ar ôl cyrraedd Rhufain, oedd meistroli'r Praetoriaid, a gwnaeth hynny trwy dwyll nodweddiadol. Wedi addo y caent gadw eu swyddi, galwodd nhw ynghyd i gymryd y llw arferol o deyrngarwch, heb eu harfau. Daethant yn llawen – a darganfod llengoedd arfog y Daniwb yn eu hamgylchynu ar bob llaw. "Cewch fyw," meddai Septimius, "er ichi fradychu dau ymherodr a haeddu marw filwaith. Ond o hyn allan, os ceir un ohonoch o fewn can milltir i Rufain, caiff dalu â'i ben." Wedyn creodd Braetoriaid newydd o blith ei ddynion ei hun.

Ail a thrydedd broblemau Septimius oedd Clodius Albinus yn Britannia a Pescennius Niger yn Syria, a lladdodd ddau aderyn ag un ergyd trwy benodi Albinus yn "Caesar". Arwyddocâd hynny oedd bod Albinus nawr yn ddirprwy ymherodr gyda phwerau sylweddol iawn a'r hawl i etifeddu'r Ymerodraeth pan fyddai Septimius farw (a Septimius oedd yr hynaf o rai blynyddoedd). Prynodd hynny deyrngarwch Albinus, gan adael Septimius yn rhydd i ymosod ar Pescennius.

Arferiad cyffredin gan Rufain ar y pryd oedd recriwtio milwyr yn yr ardaloedd lle byddent yn gwasanaethu, felly milwyr o gyffiniau'r Daniwb, gan mwyaf, oedd gan Septimius tra oedd Syriaid gan Pescennius. Profodd y Daniwbiaid yn ddycnach ymladdwyr, ac yn ystod 193-194 gorchfygwyd a lladdwyd Pescennius, er gwaetha'r cymorth a gafodd gan deyrnasoedd lleol, yn enwedig y Parthiaid.

Yn 196 dyrchafodd Septimius ei fab Caracalla, saith neu wyth oed, yn Caesar: newydd drwg, yn y tymor hir, i Geta'r ail fab, ac yn sicr i Albinus oherwydd golygai fod Caracalla wedi'i ddisodli fel etifedd. Cymeriad bach cryf a phengaled oedd Caracalla, a rhaid bod Septimius wedi gweld deunydd ymherodr ynddo.

Roedd negeswyr cyson yn teithio rhwng Septimius yn y dwyrain ac Albinus yn Britannia, ac un diwrnod gofynnodd negesydd Septimius am gyfweliad preifat gydag Albinus "er mwyn trosglwyddo cyfarwyddyd cyfrinachol". Ond roedd Albinus yn ddrwgdybus; rhoddodd e'r negesydd yn nwylo'r arteithwyr; a darganfu mai ei bwrpas wrth fynnu preifatrwydd oedd cael preifatrwydd i gyllellu Albinus. Roedd wedi dod â gwenwyn hefyd, gan obeithio perswadio cogydd Albinus i'w roi yn ei fwyd.

Roedd achub ei groen yn ddigon i Albinus. Doedd ganddo ddim gobaith cymryd dial. Ond roedd Septimius wedi penderfynu cael gwared ohono, deued a ddelo. Arweiniodd ei fyddin ysblennydd ar draws y byd i roi ei ddwylo ar Albinus, o Fesopotamia trwy Syria, Asia Leiaf, y Balcanau, a chanol Ewrop hyd at Gâl yn y gorllewin. Cludodd Albinus ei Frythoniaid dros y Sianel a galw am gymorth gan lywodraethwyr cyfagos. Cwrddodd y ddau lu ger Lugdunum (Lyon) yn gynnar yn 197, a bu'n frwydr gyfartal am amser maith. "Doedd dewrder a ffyrnigrwydd gwaetgar y Brythoniaid ddim gronyn yn llai nag eiddo'r Daniwbiaid," meddai'r hanesydd Herodian. "Nid hawdd oedd trechu na'r naill na'r llall o'r ddwy fyddin ardderchog hyn." Yna dechreuodd y Daniwbiaid gilio, a Septimius gyda nhw, gan daflu ymaith ei fantell borffor ymerodrol. Aeth y Brythoniaid ar eu hôl, dan ganu emyn buddugoliaeth. Ond cyrhaeddodd rhagor eto o lengoedd Septimius, yn ffres heb gymryd rhan yn y frwydr, a gyrru'r Brythoniaid ar ffo – ni wyddys faint ohonyn nhw a ddihangodd yn ôl i'w hynys. Lladdwyd Clodius Albinus, a rhoddwyd ei ben ar stanc a'i orymdeithio trwy Rufain; bu cyflafan o'i ffrindiau; a Septimius Severus oedd unig feistr yr Ymerodraeth.

Roedd Septimius wedi cyrraedd grym trwy drechu cydwladwyr. Ond peth cywilyddus oedd rhyfel cartref yng ngolwg y Rhufeiniaid. I ennill gwir ogoniant rhaid oedd trechu estroniaid, felly croesodd Septimius y byd drachefn a rhoi crasfa i'r Parthiaid am gynorthwyo Pescennius Niger. Dathlodd ei fuddugoliaeth trwy godi Porth Triwmffaidd yn yr union fan lle dyrchafodd y march ymerodrol ef i gyfrwy Pertinax, yn y freuddwyd honno flynyddoedd ynghynt, a lle roedd fy ngwraig a minnau bellach yn eistedd yn yr haul.

Roedd Septimius wedi cyflawni pob uchelgais y gellid ei ddychmygu, gan gynnwys sefydlu brenhinlin o'i feibion naturiol, camp brin ymysg ymerodron Rhufain. Ond ei feibion, yn anad dim, a achosai bryder iddo. Hyd yn oed fel plantos – wrth ymaflyd codwm, wrth ymladd eu soflieir a cheiliogod – bu Caracalla a Geta'n cystadlu'n gas. A'r un modd nawr, fel glaslanciau'n profi pleserau Rhufain, os canmolai'r naill ryw actor neu gladiator neu rasiwr cerbydau, eu gwawdio a chanmol eraill a wnâi'r llall. Wrth law clystyrai eu cynffonwyr, yn hogi'r elyniaeth, yn chwerwi'r gwrthdaro, yn temtio'r tywysogion ifainc yn ddyfnach a dyfnach i lygredigaeth foethus y brifddinas.

Gwnâi Septimius ei orau i'w cymodi, ond Caracalla grymus oedd ei ffefryn. Yn 198 oc gwnaeth Geta'n Caesar ond Caracalla (oedd eisoes yn Caesar) yn "Augustus", sef cyd-Ymherodr, mewn enw o leiaf. Caracalla felly oedd biau'r dyfodol, gyda Geta yn yr ail safle, os mewn safle o gwbl.

Dymuniad taer Septimius oedd puro'r ddau o ddylanwadau afiach Rhufain. Daeth cyfle yn 208, o gyfeiriad Britannia, lle'r oedd de'r ynys yn dalaith Rufeinig ond y gogledd yn dal yn nwylo barbariaid annibynnol, ac roedd y barbariaid wrthi'n anrheithio'r dalaith. Apeliodd y llywodraethwr am gymorth, a phenderfynodd Septimius fynd ei hun gyda'i feibion, gan obeithio rhoi blas o realiti iddynt ym mhen draw'r byd, tra'n ennill gogoniant iddo'i hun trwy ddarostwng gweddill Britannia. Glaniodd yn 209; gadawodd lywodraeth yr Ymerodraeth yng Nghaerefrog, dan ofal Julia Domna, ei weinidogion a Geta; a gyrrodd ymlaen ei hun i'r gogledd gyda'r fyddin a Caracalla: tu hwnt i Fur Hadrian, tu hwnt i Fur Antoninus Pius, ar hyd yr arfordir dwyreiniol tua'r pentir olaf.

Ond nid aeth yr ymgyrch yn dda. Gyrrodd Septimius y barbariaid o'r dalaith ond methodd â'u darostwng. Ac roedd yn hen ac yn glaf, ac roedd Caracalla'n pwyso ar y meddygon i roi'r *coup-de-grâce* iddo ac ar y milwyr i'w gydnabod ef, Caracalla, fel unig Ymherodr. Sylweddolodd Septimius o'r diwedd pa mor filain oedd cymeriad Caracalla, a dyrchafodd Geta i fod yn gyd-Augustus ag ef.

Bu farw Septimius Severus yng Nghaerefrog ar 4 Chwefror 211. Ei eiriau olaf i'w feibion, meddir, oedd: "Byddwch yn gytûn; gwnewch y milwyr yn gyfoethog; dirmygwch bawb arall." Ond doedd fawr o obaith iddynt fyw'n gytûn.

Amlosgwyd corff Septimius a dychwelodd y llys i Rufain, lle claddwyd y lludw yn y mawsolewm – sef Castel Sant'Angelo – a gododd Hadrian ar gyfer olion ymerodron.

Gorchwyl nesaf Caracalla a Geta, fel cyd-Ymerodron, oedd gwneud eu tad yn dduw.

Elfen allweddol o'r drefn Rufeinig, ers dyddiau Augustus yr ymherodr cyntaf, oedd dwyfoli ymerodron llwyddiannus – sarhad difrifol ar rai gwael fel Caligula a Nero oedd peidio â'u dwyfoli. A oedd pobl yn credu o ddifri yn nwyfoldeb ymerodron marw – yn credu bod eu heneidiau, yn llythrennol, yn hedfan ymaith, i fyny fry, i rannu tragwyddoldeb llawen gyda duwiau eraill Olympus? Nid "credu" oedd y pwynt! Y "cwlt ymerodrol" oedd y pwynt! Swyddogaeth y cwlt ymerodrol oedd cryfhau undod yr Ymerodraeth trwy gydglymu ei holl drigolion – *honestiores, humiliores*, bonedd, gwrêng a milwyr fel ei gilydd – mewn un grefydd ymerodrol fyd-eang gyffredin o'r Ewffrates i'r Iwerydd, gyda'r un defodau (mwy neu lai), yr un addoliad, yr un aberthau. Roedd rhwydd hynt i unrhyw un ddilyn unrhyw grefydd a fynnai, ond iddo barchu'r cwlt ymerodrol ar yr un pryd. Pechod anfaddeuol y Cristnogion a wrthodai'r cwlt oedd annheyrngarwch i'r Ymerodron ac i'r syniad o'r Ymerodraeth.

I'r ymerodron eu hun gallai'r cwlt fod yn destun chwerthin. Galwai Nero fadarch yn "fwyd y duwiau" am i'w ragflaenydd y Duw Claudius farw o fwyta madarch gwenwynig. "Gwae fi, credaf 'mod i'n troi'n dduw!" oedd jôc yr ymherodr mawr Vespasian ar ei wely angau.

Gallai disgrifiad o'r broses ddwyfoli fod yn ddiddorol, hwyrach.

Y cam cyntaf yn nwyfoliad Septimius, ar ôl claddu ei ludw, oedd llunio delw wêr o'i gorff a'i dodi ar anferth o leithig ifori, yn uchel o flaen mynediad y palas. Ar y naill ochr i'r lleithig eisteddai'r Senat cyfan mewn mentyll du, ac ar y llall holl ferched mwyaf pendefigaidd Rhufain mewn gwisg wen syml. Bob dydd ymwelai meddygon â'r ddelw, fel petai'n ddyn claf, a rhoi adroddiad digalon ar ei hiechyd, nes datgan yn drist ar y seithfed dydd ei bod yn farw.

Nawr cludwyd y ddelw ar ei helor i'r Forum, lle canodd corau o blant a gwragedd glodydd Septimius. Oddi yno fe'i symudwyd i'r Campus Martius, maes agored yn union tu allan i'r ddinas, lle'r oedd tŷ pren arbennig wedi cael ei adeiladu iddi.

Roedd i'r tŷ hwn bum llawr, bob un yn sgwâr ac yn llai o faint na'r un odano. Roedd y llawr isaf yn llawn coed tân; dodwyd delw wêr yr ymherodr ar y llawr nesaf i fyny; ac roedd y lloriau eraill wedi'u stwffio'n llond dop o bob math o bersawr a thus, bob pren, ffrwyth a llysieuyn a gesglid am eu haroglau melys. Roedd tu allan y tŷ wedi'i addurno drosto â pheintiadau, cerfiadau ifori a brethyn aur.

Bu gorymdaith hir o farchogion a cherbydau o gylch y tŷ, a dynion yn y cerbydau yn gwisgo mygydau a bortreadai ymerodron a chadfridogion enwog y gorffennol. Pan orffennodd yr orymdaith, rhoddodd y ddau Ymherodr ifanc ffagl wrth y goelcerth, a llamodd cymylau o wreichion a mwg arogldarthus. Rhyddhawyd eryr o do'r adeilad, ac ar gefn hwnnw, o ganol y fflamau, esgynnodd enaid mawr (os twyllodrus) Septimius Severus i'r nef.

A dyna ddiwedd cydweithrediad y cyd-Ymerodron Caracalla a Geta. Fel yn achos Romulus a Remus, âi eu casineb yn chwerwach a chwerwach. Meddiannodd pob un ardal neilltuedig o'r palas, a chaewyd y tramwyfeydd rhyngddynt â brics. Cadwai pob un ei osgorddlu personol o weision, cynghorwyr a gwarchodwyr – yn enwedig gwarchodwyr. Anghytunent am bob dim: am ddyfarniadau llys, am benodiadau i swyddi, am bolisïau gwlad. Cystadlent yn chwyrn am gefnogaeth pobl ddylanwadol, y naill a'r llall yn ceisio canoli grym yn ei ddwylo ei hun. Parlyswyd llywodraeth.

I geisio datrys y sefyllfa, cynhaliwyd cyfarfod heddwch rhwng y ddau Ymherodr, eu cynghorwyr, a'u mam Julia Domna.

Ond daeth yn amlwg nad oedd heddwch i'w gael, ac nad oedd dim amdani ond hollti'r Ymerodraeth yn ddwy. Cytunwyd bod Geta i gael Asia a gogledd-ddwyrain Affrica, gydag Antioch neu Alexandria fel prifddinas, a bod Caracalla i gael Ewrop, gogledd-orllewin Affrica, a Rhufain. Ond ar hynny llefodd Julia Domna: "Rydych chi wedi rhannu'r Ymerodraeth, a rhannu'r cyfandiroedd, ond sut rydych chi am rannu eich mam? Lleddwch fi! Torrwch fy nghorff yn ddau a chymerwch ddarn yr un, imi gael bod gyda'r ddau ohonoch chi!" Cofleidiodd hi'r llanciau a'u tynnu ati'n dynn mewn ymdrech i'w cymodi, a daeth y cyfarfod i ben â phawb yn eu dagrau a dim byd wedi ei benderfynu.

Galwyd cyfarfod arall, a'r tro hwn torrodd Caracalla'r dagfa. Daeth â milwyr, a chleddyfau, a bwtsierodd ei frawd yn y fan a'r lle, gerbron eu mam, a'r gwaed yn tasgu dros ei mynwes. Yna dinistriodd holl weision Geta, a'u plant i'w canlyn, a holl gyfeillion Geta, a'r holl senatoriaid oedd wedi ei gefnogi, a'r holl ddawnswyr a cherddorion ac actorion a gladiatoriaid a gyrwyr cerbydau rasio a hoffai, ac yna lliaws o bobl nad oedd ganddynt ddim cysylltiad â Geta. Teyrnasodd Caracalla ar ei ben ei hun am ychydig dros bum mlynedd, ymhlith y ffieiddiaf o ymerodron Rhufain (ac roedd tipyn o gystadleuaeth), cyn cael ei lofruddio yn ei dro gan un o'i gorffgeidwaid.

Nid digon i Caracalla oedd lladd Geta. Ar ben hynny fe'i dedfrydodd i gosb hynod, ac unigryw i'r Rhufeiniaid, o'r enw *damnatio memoriae*, sef "diddymiad atgof". Golygai hyn ddileu wyneb ac enw'r condemniedig o bob delwedd, arysgrif a chofnod cyhoeddus, fel pe na bai erioed wedi bodoli. Bu *damnatio memoriae* Geta yn llwyddiant yn achos y Porth Triwmffaidd a safai o'n blaen, lle na welem o'r arysgrif wreiddiol ond enwau Septimius Severus a Caracalla am fod Caracalla wedi dileu enw Geta. Ond trwy'r byd Rhufeinig yn gyffredinol bu'r *damnatio* yn fethiant truenus, oherwydd parhaodd miloedd ar filoedd o ddarnau arian i gylchredeg yn dwyn enw a llun Geta yn union fel mae ein harian ni heddiw yn dangos enw a llun y frenhines.

❧

Cyn pen dim roedden ni'n cerdded y Via Sacra, stryd bwysicaf Rhufain a'i phrif stryd seremonïol hefyd; a'r seremoni fwyaf cyffrous a welid yno oedd y Triwmff (Lladin *triumphus*).

Digwyddiad o natur go arbennig oedd Triwmff. Pan gurai cadfridog farbariaid mewn rhyfel, a dychwelyd i Rufain gyda'i fyddin, gellid cynnal gorymdaith fawreddog er anrhydedd iddo. "Triwmff" oedd yr orymdaith; a sioe enfawr, liwgar, ogoneddus oedd hi, yn gyforiog o rwysg a rhodres.

Dyma, yn fras, drefn yr orymdaith. Ar y blaen ymlusgai torf o garcharorion penisel mewn cadwyni, ar eu ffordd i gaethwasiaeth neu waeth, ynghyd â cheirt dirifedi llawn ysbail ... Yna aelodau ac arweinwyr y Senat ... Nesaf, yn ei holl ogoniant, gyda gosgordd o'i swyddogion ar gefn meirch, teithiai'r cadfridog ei hun mewn cerbyd crwn pedwar-ceffyl (ac wrth ei ysgwydd, meddir, safai caethwas yn bythol sibrwd "Cofia mai dim ond dyn marwol wyt!") ... Wedyn, yn eu gwisg heddwch gyda choronau llawryf, deuai rhengoedd maith y fyddin fuddugoliaethus, yn gweiddi "Triwmff!" a chanu caneuon budr am y cadfridog ... Roedd 'na seindyrf, ychen aberthol, gwasgaru blodau, llosgi thus ...

Cychwynnai'r orymdaith yn y Campus Martius, parhau ar hyd y Via Sacra – dros yr union gerrig lle'r oedden ni'n sefyll – a dringo gallt y Capitol i aberthu'r ychen i Jupiter, yr uchaf o'r duwiau. Yno hefyd, weithiau, y lleddid arweinwyr y gelyn gorchfygedig, fel Vercingetorix, pennaeth arwrol y Galiaid, a ddienyddiwyd yn gywilyddus gan Julius Caesar ar ôl ei driwmff yn 46 CC.

Tyrrai pobl Rhufain, yn eu dillad gorau a'u cannoedd o filoedd, i fwynhau'r ŵyl, rhai'n eistedd ar sgaffaldiau pwrpasol, eraill yn leinio ymylon y Via Sacra: a honno mor gul – fel y gwelem nawr – fel y gallai'r gwerinwr distadlaf longyfarch y cadfridog i'w wyneb, neu wawdio carcharorion, neu ffeirio jôcs â'r milwyr ...

Seren mewn sioe o'r fath fu Caradog y Brython ar ôl cael ei drechu yn 51 OC gan gapteiniaid yr Ymherodr Claudius. Fel Brython, cynrychiolai Caradog ben draw barbareiddiwch; ond roedd wedi ennill parch ac enwogrwydd trwy wrthsefyll grym Rhufain am naw mlynedd hir (heb achosi llawer o ddifrod, mae'n wir); a gwnaeth argraff gref â'i ddewrder ac urddas pan fartsiwyd fel carcharor trwy Rufain. Portreadodd yr hanesydd Tacitus ef fel Anwariad Nobl, a rhoi araith briodol yn ei geg pan apeliodd at Claudius am ei fywyd:

"Fy anffawd i, Ymherodr, yw dy ogoniant di ... Roedd gennyf feirch, dynion, arfau, cyfoeth: pa ryfedd os nad oeddwn am eu colli? ... Os yw Rhufain am ddarostwng byd, a yw'n dilyn bod pawb eisiau cael ei ddarostwng? ... Petawn i wedi ildio heb ymladd, fuasai neb wedi clywed nac am fy aflwydd i nac am dy lwyddiant di ... Os lleddi fi, anghofir amdanaf. Ond os arbedi fi, byddaf yn brawf tragwyddol o'th drugaredd ..."

Roedd Caradog yn fwy lwcus na Vercingetorix. Rhyddhawyd ef a'i deulu o'u cadwyni, a hyd y gwyddys cawsant orffen eu dyddiau mewn heddwch yn Rhufain.

⟫⟪

Ychydig gamau ar hyd y Via Sacra daethom at glwstwr o gerrig – "olion cysegr Venus Cloacina", yn ôl y plac. Venus, fel y cofiwn, oedd duwies cariad – ateb Rhufain i Aphrodite'r Groegiaid; "carthffos" oedd *cloaca*; felly "Venus Cloacina" oedd "Fenws y carthffosydd". Cyfuniad hynod, efallai, i'n golwg ni.

Ond roedd carthffosydd Rhufain yn rhyfeddod a haeddai dduwies! Llifai rhai bach i rai mawr, a'r rhai mawr i'r Cloaca Maxima – "Y Garthffos Fwyaf" – y mae ei phorth mawreddog i'w weld o hyd yn nhorlan afon Tiber. Twneli gosgeiddig o gerrig, priddfeini a choncrit oeddent, a'r Cloaca Maxima wrth y Forum yn mesur bron 14 troedfedd o uchder ac 11 troedfedd o led, gan gynnwys y llwybr wrth ymyl y llif. Pan oedd yr enwog Marcus Agrippa'n adnewyddu carthffosydd Rhufain yn 33 CC, hwyliodd ar hyd-ddynt mewn cwch ...

Ac nid llai rhyfeddol oedd acwedwctau Rhufain – naw prif acwedwct heb gyfrif canghennau – â hyd cyfunedig o dros 450 cilometr. Bob dydd gallent gludo ryw 300 miliwn o alwyni o ddŵr i'r Ddinas o'r bryniau cyfagos, gan ddiwallu anghenion y filiwn trigolion â digonedd yn sbâr. Tyllent weithiau dan ddaear a chodi dro arall ar fwâu, a gorffennent mewn "cestyll" hardd lle câi'r dŵr ei ffiltro cyn ei ddosbarthu trwy bibau plwm.

Bu damcaniaeth ar un adeg mai plwm y cyflenwadau dŵr a achosodd "Gwymp Ymerodraeth Rhufain" trwy wenwyno a gwanychu'r dinasyddion. Ond go brin. Gwaddodai calch dros y plwm yn y pibau, ac ni cheir mwy o'r metel yn esgyrn Rhufeiniaid hynafol nag mewn pobl heddiw.

Gorffwysai cyfrifoldeb enfawr ar ysgwyddau'r *Curator Aquarum* – Curadur Dyfroedd Dinas Rhufain – a dim ond dynion o allu a phrofiad eithriadol a benodid i'r swydd: dynion fel Sextus Julius Frontinus, a fu cyn hynny'n Llywodraethwr Britannia ac a sefydlodd gadarnle milwrol Isca Silurum (bellach Caerllion, sef "Caer y Lleng") i gadw llwyth y Silwriaid a'u cymdogion yn dawel. Ysgrifennodd Frontinus ddisgrifiad manwl o'r acwedwctau, sydd ar glawr heddiw. Câi drafferth ddiddiwedd â thirfeddianwyr a fylchai'r acwedwctau i ddwyn dŵr.

Nid tan y bedwaredd ganrif ar bymtheg y gwelwyd eto wasanaethau dŵr a charthffosiaeth i'w cymharu â rhai Rhufain. Ond roedd un gwendid pwysig yn y ddarpariaeth: ni fedrai'r Rhufeiniaid bwmpio dŵr i uchderau. O ganlyniad cyfyngid unrhyw gyfleuster a ddibynnai ar ddŵr – y ffynhonnau a chafnau yn y stryd, y baddondai a thai bach cyhoeddus, y pandai a thanerdai – i lefel y llawr.

Anfantais ddybryd oedd hynny, oherwydd roedd Rhufain a'i miliwn trigolion wedi'u gwasgu i ardal hynod o dynn. O ganlyniad, dinas o adeiladau uchel oedd hi: rhai pum neu chwe llawr yn aml, gyda siopau a theuluoedd cefnog yn poblogi'r lloriau isaf a'r werin mewn fflatiau uwchben.

Go druenus, yn ôl ein safonau ni, oedd y fflatiau hynny: yn oer yn y gaeaf, yn fwll yn yr haf; yn gyfyng a thywyll, a'r dodrefn yn llwm a phrin. Roedd peryglon hefyd. Profiad mynych oedd clywed dwndwr pell neu agos wrth i ryw strwythur goruchelgeisiol ddymchwel yn llwch. Ysgubai tanau dychrynllyd weithiau trwy'r Ddinas – tenantiaid tlawd y llofftydd dan do oedd yr olaf i wybod.

Os am lenwi bwced â dŵr neu gael gwared o wastraff, rhaid oedd disgyn eich hunan o'ch fflat, neu anfon eich caethwas, neu dalu i gariwr dŵr proffesiynol. Gwir, gallech wagio pot trwy'r ffenestr, ond ar draul dirwy sylweddol os câi rhywun niwed.

Roedd anghysur ei fflat yn un rheswm dros i'r Rhufeiniwr dreulio amser allan ohoni. Rheswm arall oedd moeth a difyrrwch cyfleusterau'r Ddinas; ac yn enwedig y baddondai.

Roedd nifer baddondai cyhoeddus Rhufain yn syfrdanol – cyfrifwyd 856 ohonynt tua 312 OC yn amser yr Ymherodr Constantin Fawr. Ac roedd maint y rhai mwyaf – y *thermae* – yn anferthol: 32 erw yn achos Thermae Diocletian, gyda lle i filoedd o faddonwyr; ac roedd eraill tebyg.

Rhodd yr Ymerodron i'w pobl oedd y *thermae*. Codwyd yr un cyntaf gan Agrippa gydag awdurdod Augustus erbyn 12 CC, ac eraill yn eu tro gan Nero erbyn 68 OC, Titus tua 80 OC, Trajan cyn 117 OC, Caracalla o gwmpas 217 OC, Decius oddeutu 251 OC, Diocletian erbyn 306 OC a Constantin tua 315 OC. Yna symudodd yr Ymerodron eu prifddinas i Gonstantinopl, a thawelodd yr adeiladu mawr yn Rhufain.

Gogoneddu haelioni'r Ymerodron a wnâi'r *thermae*. Câi penseiri disgleiria'r oes fanteisio ar y defnyddiau drutaf a'r technegau ceinaf i greu adeiladau o'r godidocaf. Llunient golofnau, cromennau, porticoau a neuaddau golau allan o farmor, ithfaen a phorffyri, a'u harddu ymhellach â phaentiadau a cherfluniau lu, a'u hamgylchynu tu allan â gerddi a champfeydd agored. Lleoedd oeddent i gyfareddu'r llygad ac esmwytho'r enaid. A gallai pawb eu mwynhau: costiai mynediad y nesaf peth i ddim.

Wrth ymweld â'r *thermae*, aech gyntaf i gampfa, dan do neu'r tu allan, i ymarfer eich corff trwy ymaflyd codwm neu redeg neu chwarae pêl. Yna i'r baddonau eu hun: i'r *tepidarium*, y stafell lugoer; a'r *caldarium* poeth; ac efallai'r *laconicum*, y gell chwysu chwilboeth; yna i'r *tepidarium* drachefn cyn gorffen trwy ymdrochi mewn dŵr oer yn y *frigidarium*: neu, yn ôl eich dewis, i unrhyw rai o'r rhain mewn unrhyw drefn. Gallech dalu i un o gaethweision y *thermae* am fasaj neu i grafu'ch corff â *strigil* i gael gwared o'r chwys a'r baw ac o'r olew olewydd a ddefnyddid yn lle sebon. Gallech ddarllen sgrôl yn llyfrgell y *thermae* neu wrando ar awdur yn adrodd ei waith. Gallech ffeindio, yn y portico allanol, pryd o fwyd neu dorrwr gwallt neu butain – merch neu fachgen. Ac ymhob man gallech gymdeithasu ...

Dan loriau'r *thermae* roedd ffwrneisi i dwymo'r dŵr, a chylchredai aer poeth o fewn waliau gwag. O ganlyniad roedd gan bob pwll a stafell ei dymheredd cysurus cywir. Gwell hynny na rhewi neu bobi yn eich fflat.

Mae hanesyn hyfryd am yr Ymherodr Hadrian, a arferai ymweld â'r *thermae* cyhoeddus. Un diwrnod gwelodd yno hen filwr a adwaenai o'r rhyfeloedd yn ei rwbio ei hun yn erbyn wal.

"Pam wyt ti'n gwneud hynny?" holodd Hadrian.

"Achos fedra i ddim fforddio caethwas i'm crafu â *strigil*," meddai'r milwr.

Felly rhoddodd yr Ymherodr caredig gaethweision iddo, ynghyd ag arian i'w gynnal.

Lledodd y stori, a phan ddaeth Hadrian eto i'r *thermae*, wele dorf o hen ddynion gobeithiol yn rhwbio yn erbyn y wal!

Eu siomi a gawsant. "Beth am ichi grafu eich gilydd?" meddai Hadrian.

Ble dylem chwilio am hanfod gwareiddiad Rhufain? Yn y fyddin a'i lledaenodd? Yn y llenyddiaeth uchel a'i mynegodd? Yn y gyfraith neu'r grefydd Gristnogol a draddododd i'r oesoedd i ddod? Efallai yn y *thermae*, lle treuliai cymaint o bobl gymaint o'u hamser hamdden yn mwynhau'r "bywyd da".

Ac eto darfu am y *thermae*. Pan ddaeth y dyddiau blin, a barbariaid ymhobman, a phoblogaeth y Ddinas yn crebachu, a masnach yn edwino, collwyd y sgiliau a'r defnyddiau a gynhaliai wareiddiad. Sut nawr roedd trwsio ffwrneisi a systemau gwresogi amlfreichiog? Yn 537 OC, tra oedd y Rhufeiniaid, fel y gwelsom, yn lluchio cerfluniau Mawsolewm Hadrian ar ben gwarchaewyr o Gothiaid, roedd y Gothiaid wrthi'n chwalu'r acwedwctau. Dim acwedwctau, dim dŵr, caeodd y *thermae*. Oherwydd gall gwareiddiad fynd lwrw ei gefn – fel yr aiff ein gwareiddiad ninnau hwyrach, yfory neu yn nyddiau gorwyrion ein gorwyrion.

Agosach hyd yn oed na'r baddonau at Venus Cloacina oedd y *foricae*, neu dai bach cyhoeddus, a ddilynai gwrs carthffosydd

Rhufain. Roedd y goreuon, o leiaf, yn wyrthiau o foethusrwydd: y seddau tyllog wedi'u llunio o farmor, gyda breichiau ar lun dolffin; cerfluniau duwiau mewn cilfachau yn y muriau; ffynnon yn chwarae yn y canol; ffwrnais wresogi dan y llawr ... Caent eu rhedeg ar brydles gan gontractwyr, a wnâi elw oherwydd cynnal safonau.

Trefnid y seddau – gallai fod tua ugain ohonynt – ar hyd tair ochr i stafell sgwâr, gyda chafn ymolchi ar y bedwaredd ochr. Ym mhedestal pob sedd ceid twll ar gyfer yr erfyn glanhau, sef sbwng ar ben ffon. Llifai ffrwd o ddŵr o dan y seddau i gario ymaith y gwastraff, ail ffrwd o'u blaen i olchi'r sbwng, a thrydedd ffrwd ar hyd y cafn ymolchi ...

Ond y peth oedd – doedd dim parwydydd rhwng y seddau ... Ystafell gwbl agored oedd y *forica*, pawb yng ngolwg pawb arall, "cyfleuster cyhoeddus" yng nghyflawn ystyr yr ymadrodd. Lle arall i gymdeithasu! Mae'r bardd Martial, yn un o'i gerddi dychanol, yn sôn am ryw gymeriad sy'n "eistedd yno am oriau ... trwy'r dydd ... heb fyth feddwl am *gachu* ..."

Llenor arall – Lucan, bardd disgleiriaf ei oes – oedd arwr y stori enwocaf am *foricae*. Roedd gelyniaeth genfigennus wedi tyfu rhyngddo a bardd dawnus arall – neb llai na'r Ymherodr Nero! – a doedd Lucan byth yn colli cyfle i wawdio'r teyrn. Un diwrnod mewn *forica*, wedi gwacáu ei ymysgaroedd â sŵn anghyffredin o uchel, gwaeddodd:

"Gallech feddwl bod taranau tan y ddaear!"

Dyfyniad o un o gerddi Nero oedd hwnnw, ac yn ddiymdroi, rhag cael eu cysylltu â'r fath amarch, llamodd holl gydeisteddwyr Lucan o'u seddau a rhedeg am eu heinioes. Ond nid yw'n stori mor ddoniol chwaith. Yn ei gasineb ymunodd Lucan â chynllwyn yn erbyn bywyd Nero, a dedfrydwyd i farwolaeth, yn 25 oed.

⁂

Aethom ymlaen ar hyd y Via Sacra a dod at res o adeiladau a gafodd le neilltuol o amlwg yn y llun *Campo Vaccino* gan van Swanevelt (a drafodon ni gynnau): cwpwl o demlau (a'r ddwy'n eglwysi bellach ers mileniwm a hanner), a basilica anferth adfeiliedig Maxentius a Constantin. Roedden nhw'n hardd, felly eisteddon ni ar slaben arall o graig i'w mwynhau.

Roedd pâr canol oed yn eistedd ar ben arall y slaben. Trodd allan eu bod yn dod o Essex, a bod ganddynt fwy o hawl na ni i gymryd saib. Dim ond yr wythnos flaenorol roedd ef wedi troi ei ffêr a hithau wedi cael tynnu plastr oddi am ei choes.

Twristiaid trefnus a gwybodus oeddent, wedi osgoi cwt y Capel Sistaidd trwy fwcio gyda grŵp, ac wedi mynd yno ddoe oherwydd gweld ar y rhyngrwyd bod Amgueddfa'r Vatican ar gau heddiw.

Wel meddyliwch – gallen ni'r un mor hawdd fod wedi dewis mynd i'r Forum ddoe a'r Capel Sistaidd heddiw, ac yna buasen ni wedi colli'r cwt a phopeth ...

⁂

Daethom at Borth Triwmffaidd yr Ymherodr Titus, ym mhen pella'r Forum, a throi tua bryn y Palatin, lle safai gynt balasau'r Ymerodron (o "Palatin" y daw "palas"). Edrychai'n bert iawn o'r lle'r oeddem: llechwedd gyforiog o gypreswydd ac adfeilion Rhufeinig, gyda fila yn null Palladio ar y gopa.

Ond wedi cyrraedd pen y llethr – dim byd! Roeddem mewn rhyw hanner-anialwch o goed cysgodlyd, porfa lychlyd a llwybrau graean amhendant. Rhyw barc Dadenïaidd oedd e, rwy'n tybio – man i gardinaliaid ac arglwyddi rodio ac i lanciau a llancesau Shakespearaidd garu ...

Dilynasom un o'r llwybrau a dod allan i wastadedd eang gwyrdd. Yma a thraw ymysg y lawntiau safai murddunod cochfrown – darnau mawr afluniaidd o furiau a bwâu, pyrth pengrwn yn arwain i unlle, colofnau syrthiedig ...

Roeddem yng nghalon yr hen Ymerodraeth, ymysg olion trigfannau llachar teyrnedd hollbwerus.

O bryd i'w gilydd ymysg yr adfeilion daethom ar draws tywysyddion ifanc â lleisiau croyw yn difyrru eu diadelloedd â darlithiau grymus. Gwrandawsom ar ddisgrifiad reit gyffrous o lofruddiaeth yr Ymherodr Domitian cyn teimlo ei bod yn bryd inni symud ymlaen.

Cri taer pob tywysydd oedd "Dychmygwch! ..." Dychmygwch, yn lle adfeilion, neuaddau uchel moethus; aur ac ifori; mosaigau, peintiadau, cerfluniau cain; porticoau, gerddi, ffynhonnau; gwleddoedd afradlon a phechodau cywrain ...

Trwy'r we dychmygion cyniweiriai ymerodresau rhwysgfawr a'u plant prin; cyn-gaethweision wedi'u dyrchafu'n weinidogion gwlad; clercod cyfrwys, milwyr bygythiol, gweision prynadwy; pawb yn coleddu rhyw uchelgais, trachwant, twyll neu frad; pawb yn seboni'r rhai uwch nag ef ac yn gormesu'r rhai is ...

Uwchben y cyfan tra-arglwyddiaethai Ymherodr diderfyn ei rym a'i gyfoeth, ond a bryderai am ei einioes am na allai ymddiried yn neb. Gwyddai fod rhywun rywle yn cynllunio ei gwymp – ond pwy? Perthynas, cyfaill, caethwas, neu gadfridog pell? ... O ddeuddeg Ymherodr y ganrif gyntaf OC, gwyddys i Caligula gael ei lofruddio gan un o'i filwyr, Claudius gan ei wraig, Galba gan gynghreiriaid ei olynydd Otho, Vitellius gan filwyr ei olynydd Vespasian, a Domitian gan ei weision. Ar ben hynny mae rhesymau da dros gredu i Augustus gael ei wenwyno gan ei wraig Livia, a Titus gan ei frawd Domitian, ac i Tiberius gael ei fogi gan ei or-nai ac etifedd Caligula. Lladdodd Nero ac Otho eu hunain. Dim ond Vespasian a Nerva a ddaeth yn ddigamsyniol i ddiwedd naturiol – a dim ond am 16 mis y teyrnasodd Nerva. Roedd yr ail ganrif, dan yr Ymerodron Da, yn well (o leiaf, hyd at lofruddiaeth Commodus); y drydedd yn llawer gwaeth …

⸎

O ochr draw bryn y Palatin roedden ni'n edrych i lawr ar ddyffryn hirgul, tua 600 metr o hyd a 120 ar draws, gyda'r ochrau'n codi'n llethrau glaswelltog, tir moel yn y gwaelod, stribed werdd ar hyd y canol, a dim adfail na charreg yn y golwg.

Fasech chi byth yn meddwl hynny, ond dyma'r Circus Maximus, prif gyrchfan difyrrwch Rhufain a'r Ymerodraeth.

Tri hoff adloniant trigolion Rhufain Hynafol oedd y theatr, yr amffitheatr a'r rasys cerbydau a gynhelid yn y Circus Maximus, a gallwch gymharu poblogrwydd y rhain trwy gyfrif seddau'r gwylwyr: sef tua 50,000 yn y tair theatr fawr gyda'i gilydd, 50,000 yn y Colosseum, a 250,000 yn y Circus Maximus – dyna chwarter poblogaeth Rhufain. Sawl stadiwm yn y byd heddiw a allai gynnwys cynulleidfa mor fawr? Gwn am un, a'i bwrpas yn gyffelyb, sef Cylch Speedway Indianapolis.

Trac rasio oedd y dyffryn hirgul y pryd hynny, a rhes uwchben rhes o eisteddleoedd (rhai marmor yn bennaf) oedd y llethrau. O dan yr eisteddleoedd, ac yn wynebu'r stryd, roedd porticoau, gyda mynedfeydd gosgeiddig i sianelu'r torfeydd ar ddechrau a diwedd y dydd. Dan fwâu'r portico llechai'r parasitiaid arferol – gwerthwyr bwyd brys, puteiniaid, astrolegwyr …

Y stribed werdd yng nghanol y dyffryn oedd llain ganol (neu *spina*, neu "asgwrn cefn") y trac. Mesurai 344 metr o hyd, gyda physt o efydd goreurog ymhob pen, y byddai'r cerbydau'n troi amdanynt. Rhimyn o bertrwydd oedd y *spina*, wedi'i addurno â ffynhonnau, cerfluniau, allorau ac obelisg – fel y cofiwn, gwelodd Ammianus Marcellinus ychwanegu ail obelisg yn 357 oc. Hefyd ar y *spina* safai'r saith wy mawr pren a'r saith dolffin pres a ostyngid yn eu tro wrth i bob cylch o'r ras orffen – gwelir felly mai 4816 metr oedd hyd y ras (sef tamaid yn llai na thair milltir), heb gynnwys y gofod troi. Cymerai ddeg neu ddeuddeg munud i'w rhedeg efallai, ac roedd 24 ras mewn diwrnod, gyda seibiau rhyngddynt ... Âi'r gwyliwr call â phecyn bwyd, costrelaid o win, a chlustog.

Ym mhen gorllewinol y trac safai'r "carchar" – y gychwynfa: rhes o ddeuddeg lloc ar gyfer y deuddeg cerbyd ysgafn, pob un â phedwar ceffyl, a gystadlai mewn ras safonol. Pwt o beth oedd y cerbyd – fawr mwy nag astell rhwng dwy olwyn. O'i flaen ymgynhyrfai'r anifeiliaid, yn gydnerth a sgleiniog, â chynffonnau crop a sbrigyn o ddail rhwng eu clustiau, yn ffroeni a phystylad, a gweision yn eu cysuro. Ffigwr arwrol oedd y gyrrwr, mewn tiwnig liwgar gota, helm am ei ben, pedair awen a chwip yn ei ddwylo, a chyllell wrth ei glun. Clymai'r awenau am ei wasg, a phwrpas y gyllell oedd eu torri am ei einioes os byddai damwain, rhag iddo gael ei dynnu dan garnau ac olwynion ei gydymgeiswyr.

Ar draws y trac o flaen y ceffylau ymestynnai rhaff. Ar ben to'r carchar torsythai'r cychwynnwr balch, cadach yn ei law. Pan ollyngai'r cadach, gostyngid y rhaff, ac i ffwrdd â'r cerbydau.

Deuddeg cerbyd, ond yn cystadlu fel pedwar tîm o dri, Gwyn, Coch, Glas, Gwyrdd, a'r lliwiau'n amlwg ar wisg y cerbydwyr. Roedd gan bob Lliw ei bencadlys mawr a phrysur yn y Ddinas, gyda stablau, gyrwyr, ceffylau, cerbydau, gwastrodion, milfeddygon, hyfforddwyr, rheolwyr a heidiau o gaethweision. Câi pob Rhufeiniwr bach ei fagu i gefnogi Lliw – Gwyrdd a Glas oedd y mwyaf poblogaidd. Gwyrdd a ffafriwyd gan Caligula, Nero a Domitian, Glas gan Caracalla (felly Gwyrdd gan Geta).

Nid pob ymherodr oedd yn ffan yn ei galon, ond o'i fodd neu'i anfodd disgwylid iddo fynychu'r Circus – dyna ffordd o ddangos ei fod yn "un ohonon ni".

Caethweision neu gyn-gaethweision oedd y gyrwyr yn aml: baw cymdeithas. Ond roedd y goreuon – Scorpus, Eutychus, Crescens a'u tebyg – yn sêr, pawb yn gwybod eu henwau, llaweroedd yn eu cyfarch ar y stryd, a'u henillion yn aruthrol. Cymerer enghraifft Appuleius Diocles, ar ddechrau'r ail ganrif OC: mewn gyrfa o 24 blynedd cystadlodd mewn 4257 ras, ennill 1462 (81 fel Gwyn, 205 fel Glas, 216 fel Gwyrdd a 960 fel Coch, oherwydd, fel clybiau pêl-droed, gallai Lliw demtio talent o Liw arall), a chipio gwobrau, os cywir yr amcangyfrif, gwerth 35,863,120 *sestertius*. Cyflog llengfilwyr, dosbarth breintiedig, oedd 1200 *sestertius* y flwyddyn yr adeg honno …

Felly gollyngid y cadach, syrthiai'r rhaff, a llamai'r cerbydau olwyn wrth olwyn o'r carchar, yn un rhyferthwy o floeddio a llwch a charnau'n taranu, y ceffylau chwim yn eu prydferthwch, tiwnigau'r gyrwyr yn tywynnu yn yr haul, chwipiau'n clecian … Rhuthro gwyllt ar hyd y syth, sgrialu o gylch y trobwynt, bylchau'n dechrau ymagor … Gwrthdrawiad efallai, a gyrwyr a meirch yn ymwingo ar lawr … Arweinydd yn blino, dilynwr yn dod ar ffrwst … Gweiddi'r dorf yn codi a gostegu, a'r wyau a'r dolffiniaid yn disgyn o un i un … A'r ymgiprys cynddeiriog olaf rhwng dau neu dri, a'r fanllef fyddarol wrth i ryw Scorpus neu Eutychus buddugol garlamu dros y terfyn … Fel yr ysgrifennodd y bardd Juvenal:

Heddiw mae Rhufain gyfan yn y Circus,
a thyr rhu aruthrol ar y clyw – arwydd, mi gasglaf,
mai Gwyrdd sydd wedi ennill. Os na,
bydd y Ddinas hon yn ddigalon syn
fel pan drechwyd y ddau Gonswl yn llwch Cannae …

(Roedd brwydr Cannae, 216 CC, yn un o'r trychinebau milwrol gwaethaf a ddioddefodd Rhufain erioed. Chwalwyd ei byddin gan Hannibal a'r Carthaginiaid, gyda cholled, yn ôl Titus Livius, o dros 50,000 o filwyr.)

Roedd betio ar y rasys, a chyffurio ceffylau hefyd, ond y drwg rhyfeddaf oedd melltithion hud, fel hon a gedwir mewn arysgrif:

> Erfyniaf arnat, Gythraul, pwy bynnag wyt, y dydd hwn,
> ac o'r awr hon, a'r eiliad hon, i arteithio a lladd ceffylau'r
> Gwyrddion a'r Gwynion, a lladd a pheri gwrthdrawiad i'r
> gyrwyr Clarus, Felix, Primulus a Romanus ...

Bu rasio cerbydau yn Rhufain ers cyn cof hanes. Datblygodd yn ddifyrrwch slic i werin soffistigedig, ac ymledu i bellafoedd gwareiddiad. Ffynnodd, fel y Ddinas ei hun, am fil o flynyddoedd. Ond pan wegiodd honno, gwywodd yntau. Cynhaliwyd y rasys olaf y gwyddom amdanynt yn 550 OC pan oedd Totila'r Goth yn teyrnasu ar weddillion Rhufain, a'r Circus fel popeth arall yn adfeilio. Parhasant fodd bynnag yng Nghonstantinopl a dwyrain yr Ymerodraeth, lle byddai Glas a Gwyrdd yng ngyddfau'i gilydd am ganrifoedd i ddod.

➤➤➤◄◄◄

Aethom yn ôl dros uchderau'r Palatin, i lawr i'r Forum, heibio Porth Triwmffaidd Titus ac ar hyd estyniad o'r Via Sacra nes cyrraedd *piazza* lydan, lawn ymwelwyr, â Phorth Triwmffaidd Constantin ar un ochr iddi a'r Colosseum y tu draw. Ymysg y dorf crwydrai nifer o unigolion ecsentrig mewn gwisg llengfilwr, gyda helm, llurig, sgert fer a choesau tew – yn ennill eu bywoliaeth, esboniodd fy ngwraig, trwy berswadio twristiaid i gael tynnu eu llun gyda nhw.

Dylwn grybwyll, gyda llaw, nad "Colosseum" oedd enw'r Rhufeiniaid ar y Colosseum ond "Amphitheatrum Flavium", am mai ymerodron o deulu'r Flaviaid a'i cododd. Cychwynnwyd gan Vespasian yn 70 OC; cwblhawyd gan Titus, ei fab hynaf, yn 80 OC; ac addaswyd wedyn gan ei ail fab, Domitian. Nid tan y Canol Oesoedd y clywyd sôn am "Colosseum".

Aethom i mewn i'r Amphitheatrum yr un ffordd ag yr âi'r Rhufeiniaid hynafol: ar hyd portico eang, i fyny staer garreg, ac allan i lwybr awyr-agored uchel a redai bob cam o gwmpas yr arena. Twristiaid lliwgar oedd yn crwydro'r llwybr heddiw, yn lle'r *plebs* fyddai yno gynt yn chwilio am eu seddau. Diflannodd y seddau oesoedd yn ôl, mwy na thebyg ar geirt y contractwyr Dadenïaidd a gofiwn.

Doedd dim golwg chwaith o'r to symudol a arferai amddiffyn gwylwyr a pherfformwyr rhag haul tanbaid yr haf. Ers talwm ymestynnai polion hir uwchben yr arena, a deuai morwyr o lynges Misenum i daenu cynfas drostynt yn ôl y galw.

Roedd llawr yr arena wedi mynd hefyd. Fe'i lluniwyd o bren, gyda haenen o dywod drosto, ac mae wedi hen gwympo. Ond o ganlyniad cawsom weld yr hyn na welai'r Rhufeiniwr cyffredin erioed – y labrinth o gelloedd carreg dan yr arena lle cedwid anifeiliaid gwyllt cyn eu dyrchafu mewn lifftiau i gymryd rhan yn y sioe.

Ar ein chwith codai llwyfan sanctaidd yr Ymherodr a'i deulu. O flaen hwnnw, yn ôl cred sy'n boblogaidd heddiw, byddai'r gladiatoriaid yn sefyll yn rhes cyn i'r gemau gychwyn ac yn adrodd y fformiwla gynhyrfus enwog:

Have Imperator, morituri te salutant!
Henffych, Ymherodr, rhai ar fin marw a'th gyfarchant!

Ysywaeth, gall fod y gred yn gyfeiliornus. Does gan haneswyr y Cynfyd ond un enghraifft o'r geiriau hyn yn cael eu llefaru, a hynny nid gan gladiatoriaid, nac mewn arena, na hyd yn oed yn Rhufain, ond gan droseddwyr ar ddyfroedd llyn ym mynyddoedd canol yr Eidal. Ond ni rwystrodd hynny gyfryngau modern rhag eu trosglwyddo i gyd-destunau pur wahanol.

Disgrifir y digwyddiad ar y llyn gan yr haneswyr Tacitus a Suetonius (yn ei fywgraffiad o Claudius, yr ymherodr cloff). Yr achlysur oedd cwblhau un o'r gorchestion peirianegol Rhufeinig hynny sy'n dal i'n rhyfeddu, sef torri twnnel tair milltir o hyd trwy Fynydd Salviano er mwyn draenio Llyn Fucinus (tua 50 milltir sgwâr). Yn ôl Suetonius, cyflogwyd 30 mil o ddynion ar y gwaith yn ddi-saib am un ar ddeg o flynyddoedd.

Penderfynodd Claudius ddathlu agoriad y twnnel ymlaen llaw trwy gynnal anferth o fôr-frwydr ffug ar Lyn Fucinus tra oedd yn dal i fod. Byddai'r frwydr rhwng dwy garfan o *triremes* a *quadriremes* (yn cynrychioli llyngesau hynafol ynysoedd Sisili a Rhodos), a byddai 19,000 o ddynion yn cymryd rhan, rhai'n forwyr proffesiynol i reoli'r llongau, ond y mwyafrif yn droseddwyr wedi'u dedfrydu i farwolaeth. Tasg y troseddwyr oedd cymryd lle llongfilwyr a difyrru'r gynulleidfa trwy dywallt gwaed ei gilydd (ni hoffai'r Rhufeiniaid wastraffu'r gosb eithaf).

Ymgasglodd torf ddirifedi, o drefi cyfagos ac o Rufain ei hun, ac eistedd ar lannau'r llyn ac ar y llethrau amgylchynol i wylio.

Ni ddefnyddiwyd y llyn cyfan ar gyfer yr ornest, dim ond digon i gynnal brwydr realistig gyffrous, gyda rhwyfwyr a chapteiniaid yn dangos eu dawn, llongau'n manwfro, ymosod, gwrthymosod a ffoi, a'r troseddwyr condemnedig yn trin eu harfau. Trefnwyd y Gwarchodlu Praetoraidd ar gylch o rafftiau o gwmpas y dyfroedd ymladd, gyda'u catapwltau a'u balistâu, i rwystro unrhyw un rhag dianc o'r gad.

Pan oedd popeth yn barod, a'r frwydr ar fin cychwyn,

cydwaeddodd yr ymladdwyr (roedd y sgript yn amlwg wedi'i chytuno ymlaen llaw):

"Henffych, Ymherodr, rhai ar fin marw a'th gyfarchant!"

Ymateb Claudius oedd un o'i jôcs gwantan nodweddiadol:

"*Aut non!* Neu ddim!"

(yn golygu, mae'n debyg, "Neu sy *ddim* ar fin marw!")

Ar sail hynny cymerodd y troseddwyr arnynt fod Claudius wedi eu maddau, a gwrthodon nhw ymladd.

Dyna, wrth gwrs, oedd y perygl wrth osod condemnedigion i ymladd â chondemnedigion – pam dylen nhw drafferthu i ddangos ysbryd, os oedden nhw'n mynd i farw beth bynnag? Mwy na thebyg roedd Claudius (neu ei drefnyddion) wedi caniatáu am hynny, trwy addo maddeuant i'r goroeswyr petai'r ymladd yn argyhoeddi. Ond, yn siwr iawn, doedden nhw ddim wedi bwriadu rhoi maddeuant os nad oedd ymladd o gwbl!

Roedd Claudius yn gynddeiriog. I ddechrau, ystyriodd anfon y Praetoriaid i ddinistrio'r rebeliaid yn eu crynswth â thân a chleddyf. Yna neidiodd o'i orsedd a hercian yn chwerthinllyd ar hyd y traeth, gan fygwth ac erfyn, nes iddynt gydsynio i ymladd wedi'r cyfan. (A rhaid mai un o bwrpasau Suetonius, wrth adrodd y rhan hon o'r stori, oedd portreadu'r Ymherodr yn gwneud ffŵl ohono'i hun.) Brwydrodd y troseddwyr fel dewrion, lladdwyd llawer, arbedwyd bywydau'r lleill.

Gwaetha'r modd, er i'r sioe fod yn llwyddiant, nid felly'r twnnel. Gwrthododd y dŵr lifo o'r llyn, a bu'n rhaid trio addasiadau. Hyd yn oed wedyn roedd y twnnel yn siom, ac nid tan 1873 y draeniwyd Llyn Fucinus yn derfynol.

Hanes diddorol, ond yn bell o brofi bod *Have Imperator,*

morituri te salutant! yn rhan o eirfa reolaidd gladiatoriaid proffesiynol yr Amphitheatrum Flavium. I'r gwrthwyneb braidd, oherwydd, fel rheol, fyddai gladiatoriaid iawn ddim yn disgwyl marw.

⋙⋘

Stadiwm anferth ar gyfer gornestau gladiatoriaid a sioeau bwystfilod gwyllt oedd yr Amphitheatrum Flavium, gydag arena siâp wy o ryw 4,000 metr sgwâr ac eisteddleoedd (fel y gwelsom) i tua 50 mil o wylwyr yn codi'n rhesi o'i chwmpas.

Alegori mewn marmor o gymdeithas Rhufain oedd e. Yn y seddau gorau ac amlycaf, ar fin y tywod, gwelid yr Ymherodr a'i deulu, a chyferbyn â nhw y Gwyryfon Vestalaidd, sef y merched sanctaidd a ymgnawdolai lwc a pharhad y Ddinas. Cedwid y seddau nesaf, y rhai ail orau, i'r Senatoriaid, rheng uchaf cymdeithas ar ôl yr Ymherodr; tu ôl i'r rheiny eisteddai'r "Marchogion", dosbarth breiniol o gyfoethogion a gweinyddwyr; yna'r werin gefnog; yna'r werin lai cefnog; ac yn olaf, yn uchel uchel mewn ychydig o resi cyfyng wrth y to, gyda golwg pell a gwan ar y difyrrwch gwaedlyd islaw (a doedd dim sbectolau gan y Rhufeiniaid), y "gweddill" niferus dinod, sef gwragedd (hanner y boblogaeth), caethweision (efallai tri deg y cant), a'r tlodion (y gyfran fwyaf mewn unrhyw gymdeithas hynafol).

Ceir ein darlun gorau o awyrgylch a gwefr yr Amphitheatrum gan – o bawb! – y diwinydd enwog Sant Augustin o Hippo yn ei hunangofiant, y *Confessiones*. Mae'n disgrifio digwyddiad tua 380 oc, pan oedd Ymerodraeth Rhufain yng ngorllewin Ewrop eisoes ar fin machlud, gyda Christnogaeth yn prysur ymsefydlu fel ei phrif ac unig grefydd, ac anrheithiad y Ddinas gan Alaric y Goth ond rhyw dri deg o flynyddoedd yn y dyfodol.

Arwr y stori oedd ffrind i Augustin o'r enw Alypius, a fu'n

gydoeswr a chydfyfyriwr iddo gartref yng ngogledd Affrica cyn i'r ddau symud i Rufain. Yn Affrica bu Alypius yn ffan rhy selog o rasio cerbydau nes i Augustin ei berswadio i roi'r gorau i'r fath oferedd.

Un diwrnod yn Rhufain cwrddodd Alypius â chriw o'i gyfeillion yn y stryd, ar eu ffordd i'r Amphitheatrum ar ôl cinio go lawen. Mynasant iddo fynd gyda nhw; gwrthododd; felly llusgon nhw ef yno er ei waethaf – hwyl ymysg ffrindiau oedd hi.

"Mi allwch chi orfodi 'nghorff i ddod i'ch gemau," meddai Alypius [yn ôl Augustin], "ond fedrwch chi ddim fy ngorfodi i'w gwylio nac i gymryd unrhyw sylw ohonyn nhw. Er yn bresennol, absennol fyddaf, ac felly trechaf chi a'ch gemau gyda'ch gilydd" ...

Cawsant seddau, ac roedd yr Amphitheatrum yn berwi â mwynhad ysgeler. Caeodd Alypius ei lygaid a chaeodd ei feddwl, ac mae'n resyn na chaeodd ei glustiau hefyd! Oherwydd syrthiodd un o'r gladiatoriaid, a chododd bloedd wyllt o'r holl gynulleidfa, nes i Alypius, wedi ei orchfygu gan chwilfrydedd, agor ei lygaid. Yna dioddefodd ei enaid glwyf enbytach na chlwyf corfforol y gladiator, a chwympodd Alypius yn fwy truenus na'r dyn a achosodd y floedd trwy gwympo ... Canys o weld y gwaed, yfodd ef yr ysgelerder, ac yn lle troi ymaith oddi wrtho hoeliodd ei sylw arno, a llyncodd y gwallgofrwydd yn ddiarwybod iddo'i hun, a gwirionodd ar ddrygioni'r ornest, a meddwodd ar fwynhad y gwaed, ac nid yr un dyn ag a ddaeth i'r Amphitheatrum oedd e mwyach ond un o'r dorf a chydymaith teilwng i'r rhai a'i herwgipiodd. Gwyliodd, gwaeddodd, ymfflamychodd, heintiwyd gan orffwylledd, a dychwelai i'r lle o hynny allan nid fel cwmni i'r rhai a'i llusgodd yno ond fel arweinydd arnynt, ac yn llusgo eraill ...

Gwellodd Alypius o'i glwyf ymhen amser, ychwanega Augustin; ac yn wir daeth yn esgob ar Thagaste, yn yr Algeria bresennol, tref enedigol Augustin ei hun.

***

Roedd y mwyafrif o gladiatoriaid yn gaethweision, efallai, wedi'u pwrcasu gan eu perchnogion am eu grym corfforol. Ond dynion rhydd oedd llawer, naill ai'n frwydrwyr wrth anian a chwenychai ddangos eu dawn yn yr arena, neu'n oferwyr a huriodd eu cyrff i dalu eu dyledion. Yn Ninas Rhufain roedd gladiatoriaid yn weision i'r Ymherodr, yn rhan o'r monopoli tynn a gadwai ar bethau'r Amphitheatrum. Mewn mannau eraill perthynent i "deuluoedd" crwydrol – *familia* oedd y gair Lladin – a berfformiai o gwmpas y trefi.

Byddai pob *familia* yn gymdeithas glòs: deg ar hugain o gladiatoriaid, dyweder, dan feistr a elwid *lanista*, gyda hyfforddwyr, arfogwyr, gweision amrywiol ac nid lleiaf y meddyg, a arbenigai ar drin clwyfau'r arena. Deallai'r Rhufeiniaid baradocs llwm y fuchedd gladiatoraidd: mai ffrindiau a chydloddestwyr oeddech o ddydd i ddydd, ac yna, un prynhawn, yn ymladd â'ch gilydd am eich einioes.

Ceid sawl math o gladiator, pob un â'i briod dacetgau a'i barti o gefnogwyr yn y dorf; pob un â'i arfogaeth nodweddiadol, draddodiadol, ffantasïol, heb ddim perthynas â chyfarpar milwyr go iawn. Hoff gan yr Ymherodr Titus oedd y *murmillo* a'i arfwisg drom, gyda delw pysgodyn ar ei helm gan mai rhywogaeth o bysgod oedd *murmillo*. Pleidiai Domitian y *Thrax* ysgafn, troedchwim. Cas gan Claudius, ar y llaw arall, oedd y *retiarius* ("rhwydwr") cyfrwys, a ymdrechai, fel pysgotwr, i ddal ei wrthwynebydd mewn rhwyd a'i drywanu â thryfer. Cyffredin oedd paru dau gladiator o wahanol natur yn erbyn ei gilydd, a gornest boblogaidd oedd honno rhwng *retiarius* a *murmillo*. "Pam wyt ti'n f'osgoi?" gwawdiai'r *retiarius*. "Nid ti ond dy bysgodyn dwi eisiau!" Bywyd o ymarfer a hyfforddiant cyson oedd eiddo'r gladiator, oherwydd, pan ddeuai awr ei dynged ar y tywod, dim ond ei nerth a'i grefft a allai ei amddiffyn.

Nid dedfryd o farwolaeth oedd cael eich curo yn yr arena, fel y profa'r beddargraffau hynny sy'n crynhoi gyrfa'r gladiator-a'r-gladiator: sawl tro yr ymladdodd (dwsinau o weithiau'n aml), ennill, dod yn gyfartal, a cholli-ond-cael-ei-arbed ... Nid lladd eich gwrthwynebydd ond ei drechu oedd eich pwrpas – ei lorio neu ei ddiarfogi, gan ei orfodi i ollwng ei darian a chodi ei fraich chwith i ymbil am drugaredd. Ond pwy, ar wahân i'r gwyliwr mwyaf sadistaidd, fyddai'n gwrthod yr apêl hwnnw? Nid y cyfaill a'i curodd. Nid y *lanista*, am mai buddsoddiad drud a gwerthfawr oedd gladiator hir-hyfforddedig. Ac nid, gellid meddwl, noddwr pendefigaidd y gemau, a fyddai'n gorfod digolledu'r *lanista* am yr ased a sgrapiwyd. Ac eto cwrddodd llawer un â'i dranc ar y tywod, oherwydd ymladd o ddifrif roedd y gladiatoriaid, a'u gwaed ar dân, ac nid teganau oedd eu gwaywffyn a'u cleddyfau.

⟫⟪

Tua 90 OC tynnodd y bardd Martial bortread geiriol o seren gladiatoriaid y dydd, y gladiator delfrydol, rhyw Hermes (er y byddai edmygwyr Helius ac Advolans yn anghytuno hwyrach):

> Hermes, hoff ymladdwr yr oes,
> Hermes, dysgedig ymhob arfau,
> Hermes, gladiator a hyfforddwr gladiatoriaid,
> Hermes, corwynt a daeargryn ei ysgol,
> Hermes, a neb arall, sy'n brawychu Helius,

Hermes, a neb arall, a all gwympo Advolans,
Hermes, hyddysg i drechu heb glwyfo,
Hermes, na all neb gymryd ei le,
Hermes, cyfoeth y masnachwyr seddau,
Hermes, gofal a gofid grwpis y gemau,
Hermes, llawn balchder gyda'i waywffon ryfel,
Hermes, bygythiol gyda'i dryfer gefnforol,
Hermes, arswydus gyda'i helmed feichus,
Hermes, gogoniant Mars ymhob agwedd,
Hermes, popeth yn un a theirgwaith unigryw.

Sylwer nad dewrder na ffyrnigrwydd Hermes a ganmola'r bardd yn gymaint â'i grefft a'i amryw ddoniau. Gall ymladd fel gladiator trwm (gyda helmed feichus), fel gladiator ysgafn (gyda gwaywffon), neu fel *retiarius*; yn wir, mae'n feistr pob arf ac yn athro hefyd. Ei fedr hynotaf – onid yr un olaf a ddisgwyliech gan gladiator? – yw'r gallu i "drechu heb glwyfo".

Dywed ysgolheigion yn aml fod "adloniant cyhoeddus yn rhad ac am ddim yn Ninas Rhufain". Gall fod; ond os felly, sut mae esbonio'r elw a greai Hermes i'r "masnachwyr seddau"? Synnwn i ddim nad y Senatoriaid a Marchogion oedd tu ôl i hyn: yn rhentu eu seddau min-tywod gwych i'r *plebs* ariannog am *sestertii* llechwraidd trwy gyfrwng asiantau ...

Gwelwn fod Hermes yn arswydo "grwpis" pan ymladdai â'u ffefrynnau. Roedd y Rhufeiniaid yn hen gyfarwydd â'r grwpi: eu gair amdani oedd *ludia*. Achoswyd sgandal ogleisiol yn Rhufain pan ffodd Eppia, gwraig i senator, oddi wrth ei gŵr, ei phlant a'i theulu uchelwrol i ddilyn gladiator o'r enw "Sergius bach" gyda'i *familia* i'r Aifft. Enynnwyd diddordeb y dychanydd Juvenal:

Ond pa ieuangwr hardd a daniodd galon Eppia,
a'i denu i dderbyn ei dirmygu fel *ludia*? ...

Gŵr canol oed oedd Sergius bach, ar fin ymddeol
oherwydd anaf i'w fraich; wyneb tolciog: lwmpyn anferth
ar ei drwyn lle byddai'r helmed yn rhwbio; ei lygad
bob amser yn gollwng rhyw ddiferiad cas.
Ond gladiator oedd! ... Roedd hi'n caru ei gleddyf!

Hen law creithiog, caled, goroesol; efallai fod miloedd o
gladiatoriaid fel Sergius bach.

Yn sioeau bwystfilod yr Amphitheatrum Flavium gellid gwylio
anifeiliaid lliwgar syfrdanol o bedwar ban byd yn cael eu hela a'u
dinistrio.

Ymddiddorai'r Rhufeiniaid yn aruthrol mewn creaduriaid
dieithr neu ymladdgar. Gartref yn yr Eidal roedd ganddynt
fleiddiaid, baeddod gwyllt, eirth a theirw, ond wrth i'r
Ymerodraeth ymledu daeth pob math o fwystfilod hudolus
newydd o fewn eu gafael – bleiddgwn o Iwerddon, eirth gwyn
o'r Arctig, estrysiaid o Mauretania, antelopiaid, jiraffod, udfilod,
llewod, llewpardiaid a rheinos o ogledd Affrica, crocodeilod a
hipopotamiaid o'r Aifft, teigrod o Bersia ac India, eliffantod o
India ac Affrica, elcod ac ychen gwyllt o ogledd Ewrop ... Ar iâ,
paith, mynydd a diffeithwch poeth, mewn fforest, cors, afon a
jyngl – ymhob gwylltineb pell – bu barbariaid syml wrthi â'u
rhwydau a'u pyllau'n maglu anifeiliaid i'w hanfon dros y tonnau
i amffitheatrau'r Ymerodraeth.

Ar gyfer sioe fwystfilod, câi arena'r Amphitheatrum Flavium
ei haddurno'n gelfydd â choed, llwyni, creigiau a llynnoedd
i greu tirwedd ramantus ddel lle gallai helwyr medrus ladd
anifeiliaid yn eu miloedd: naw mil, er enghraifft, yn y gemau
can niwrnod a roddodd yr Ymherodr Titus yn 80 oc i ddathlu

agor yr Amphitheatrum; un fil ar ddeg yn 107 OC, adeg triwmff Trajan dros y Daciaid. Gorchest o drefniadaeth Rufeinig oedd casglu cymaint o greaduriaid byw, o gymaint o wledydd, i'r un man canolog ar y diwrnod iawn.

Tu hwnt i'r brifddinas gallai'r trefniant fod yn llai effeithlon. Archebodd un o ddinasyddion blaenllaw Verona set ddrud o bantherod o Affrica ar gyfer gŵyl gladiatoraidd; daethant ar ôl iddi orffen. I fireinio sioe yng Ngwlad Groeg, yn ôl y stori, buddsoddodd dyn cyfoethog ei holl etifeddiaeth mewn eirth enfawr o'r gogledd – buon nhw farw yng ngwres yr haf cyn erioed gyrraedd yr arena.

Ffynnodd y busnes rhyngwladol mewn anifeiliaid ecsotig am hanner mileniwm, bron. Yna tynnodd yr Ymerodraeth ei thraed ati, caewyd y morffyrdd, dihoenodd masnach o bob math, ac ni welwyd y mwyafrif o'r creaduriaid hyn yn Ewrop eto tan yr oes fodern.

⇒⇒⇐⇐

Gwelsom gynnau, yn achos môr-frwydr ffug Llyn Fucinus, sut y byddai'r Rhufeiniaid yn manteisio ar y gosb eithaf fel adloniant. Ond y lladdfan ddelfrydol oedd yr arena, lle ceid seddau cyfleus i wylio troseddwyr yn cael eu darnio gan droseddwyr eraill, neu gan gladiatoriaid proffesiynol, neu yn enwedig (fel yn stori enwog Androcles a'r llew) gan anifeiliaid ffyrnig. Mae'n wir nad oedd dienyddio o'r fath yn denu'r torfeydd, ac fe'i cyfyngid fel arfer i oriau tawel canol dydd; ond doedd neb yn amau'r egwyddor y dylai cosb fod yn wers, yn rhybudd, ac yn gyhoeddus.

Ar ôl i Constantin Fawr ddod yn ben ar orllewin Ewrop yn 312 OC, ac i Gristnogaeth ymddyrchafu'n grefydd swyddogol yr Ymerodraeth, cynyddodd nifer a dylwanwad y Cristnogion ar ras wyllt. Roedd yn gas ganddynt greulondeb yr amffitheatrau, lle roedd cynifer o'u dewrion wedi cael eu merthyru gynt, a darfu am sioeau gladiatoriaid yn Ninas Rhufain tua 440 OC, ymhell cyn y theatr a'r rasys cerbydau.

⋙⋘

Felly trodd y Rhufeiniaid, o'r diwedd, yn erbyn barbareiddiwch yr arena. Ond ni throesant erioed yn erbyn caethwasiaeth. Amcangyfrifir bod poblogaeth yr Ymerodraeth oddeutu 70 miliwn, a bod hynny'n cynnwys efallai 12 miliwn o gaethweision, a berthynai gorff ac enaid i'w meistri, fel anifeiliaid dof. Yn rhyfedd ddigon, doedd fawr neb – nid Cristion na phagan, nid athronydd na sant, na hyd yn oed y caethion eu hun (er mor hapus oeddent os caent eu rhyddhau) – yn cwestiynu cyfiawnder caethwasiaeth.

Sefyllfa enbyd! Ond roedd ochr olau iddi. Roedd bron pob caethwas a chaethferch yn gynnyrch un o ryfeloedd diddiwedd Rhufain – naill ai'n garcharor rhyfel neu'n ddisgynnydd i un. Ac roedd pob carcharor o'r fath yn golygu arian i bwy bynnag a'i caethiwodd ac a'i gwerthodd wedyn i gaethfasnachwr. O ganlyniad tueddai'r Rhufeiniaid i arbed bywydau eu gorchfygedigion, ac roedd hil-laddiad – pechod parod ein hoes oleuedig ni – bron yn absennol o'u hanes.

⋙⋘

Roedd hi'n hwyr y prynhawn, ac roedden ni eisiau mynd i ochr arall y dref i gael cip ar y Fontana di Trevi. Cychwynasom yn ôl trwy'r Forum ...

Daethom at ardd gyda phâm rhosod a lawnt, a bonion colofnau a thraed cerfluniau yn ffurfio petryal o'i chwmpas.

Cloestr cwfaint y Gwyryfon Vestalaidd oedd hi. Roedden ni – a'r holl farbariaid eraill o'n cwmpas – yn edrych ar fan na welodd llygad gŵr neu was yn nhreigl cannoedd o flynyddoedd.

Doedd gan Rufain ddim byd sancteiddiolach na'r Gwyryfon hyn, a ofalai am fflam gysegredig Vesta, duwies yr aelwyd. Eu prif ddyletswyddau oedd gwarchod y fflam a gwarchod eu gwyryfdod eu hun. Pe diffoddid y fflam neu pe diforwynid Gwyryf, byddai Rhufain dan felltith.

Âi'r Gwyryfon yn ôl i wawrddydd amser, cyn sefydlu'r Ddinas. Gwyryf Vestalaidd, mi gofiwn, oedd Rhea Silvia, mam Romulus, sylfaenydd Rhufain. Tarddent, gellid meddwl, o'r dyddiau pan oedd y llwyth ar grwydr, ac un Tân canolog tragwyddol yn cael ei gadw ynghyn er mwyn adfywio aelwydydd y teuluoedd. Byddai'r Tân hwnnw'n hudol, pur a sanctaidd, yn cynrychioli cysur, bwyd, undod a pharhad y llwyth. Hawdd ei esgeuluso ond llafurfawr ei ailennyn. Dirprwyid merched pur a sanctaidd i'w warchod, a pharhaent i wneud hynny am dros fil o flynyddoedd, pan oedd Rhufain yn bentref, tref, dinas a megalopolis.

Chwech oedd nifer cyson y Gwyryfon, ac wrth i un farw penodid ei holynyddes. Roedd yn rhaid i honno fod rhwng chwech a deg oed, yn ddilychwin o ran corff a chymeriad, o waedoliaeth bendefigaidd, a'i dau riant yn fyw. Gwasanaethai am dri deg o flynyddoedd, deg yn dysgu'r swydd, deg yn ei dilyn, a deg yn hyfforddi'r ifainc; ond doedd dim rhaid iddi ymddeol wedyn. Prawf o hynny oedd y Brif Wyryf Occia, a fu farw yn 19 oc dan yr Ymherodr Tiberius. Bu hi'n Brif – sef hynaf – Wyryf am 57 o flynyddoedd, a gellid tybio ei bod o leiaf 93 oed.

Pan fu farw Occia, cynigiwyd dwy ferch i lenwi'r bwlch, plant yr uchelwyr Fonteius Agrippa a Domitius Pollio; a'r Senat, dan arweiniad Tiberius, oedd biau'r dewis rhyngddynt. Roedd Agrippa wedi ysgaru, felly merch Domitius a etholwyd – ond cysurodd Tiberius yr Agrippa fach â gwaddol o filiwn *sestertius*.

Tywynnai'r Gwyryfon fel sêr yn eu sancteiddrwydd. Gwisgent ddillad gwyn a gwallt crop ac ni chaniateid dynion o fewn eu cynteddau caead. Teithient gyda'i gilydd trwy'r Ddinas mewn cerbyd trwm traddodiadol, gyda gosgordd arfog o'u blaen, a phawb, hyd yn oed y conswliaid, yn gorfod clirio o'u llwybr. Os digwyddent weld troseddwr ar ei ffordd i'w ddienyddio, câi ei ryddhau. Derbynient gyfrifoldebau defodol, neilltuol, gwladwriaethol. Hwy, pan fu farw'r Ymherodr Augustus yn 14 OC, a gyflwynodd ei ewyllys yn seremonïol i'r Senat. Hwy a arweiniodd yr orymdaith yn 71 OC, pan osododd yr Ymherodr Vespasian faen cyntaf teml newydd Jupiter ar y Capitol.

Doedd dim terfyn ar barch a bri y Gwyryfon; ond roedd eu dylanwad ar ran eu teuluoedd a'u ffrindiau yn gyfyngedig, a'u hawdurdod gwleidyddol yn ddiddim. Yn 48 OC, pan gondemniwyd yr Ymerodres Messalina, gwraig Claudius, am ei haml odinebau, apeliodd hi at y Brif Wyryf Vibidia i'w hamddiffyn; er hynny dienyddiwyd. Yn 69 OC, Blwyddyn y Pedwar Ymherodr, roedd byddin Vespasian, dan ei chadfridog Antonius Primus, yn nesu at Rufain i herio'r Ymherodr Vitellius. Yn ei anobaith anfonodd Vitellius y Gwyryfon Vestalaidd i erfyn am gadoediad. Croesawodd Primus nhw â phob anrhydedd – a rhuthro ymlaen ar garlam gwyllt tua'r Ddinas.

Mae haneswyr rhamantus wedi tebygu'r Gwyryfon i leianod. Nid felly. Crefydd ddefodol, nid cyfriniol, oedd gan Rufain, a defodol hefyd oedd sancteiddrwydd a diweirdeb y Gwyryfon. Boneddigesau ysblennydd oeddent, yn mwynhau cysur, golud, edmygedd, amlgrwydd a phob rhyw foeth materol. Yn y Circus isel-ael, yn y theatr aflednais, yn yr Amphitheatrum sadistaidd caent seddau o'r breiniolaf – dim llawer o ysbrydolrwydd fan'na! Ni wyddent ystyr tlodi, symlrwydd na gwyleidd-dra. Pa ryfedd eu bod mor hwyrfrydig i roi'r ffidil yn y to ar ddiwedd eu deng mlynedd ar hugain?

Man gwan yr Wyryf oedd ei diweirdeb ... Os ceid yn anniwair, roedd ei chosb yn ddychrynllyd. Diosgid o'i gwisg wen a'i ffrewyllu, yna ei rhwymo ar elor a'i chludo trwy'r strydoedd i'r Campus Sceleratus – "Y Maes Ysgeler" – ar gwr y Ddinas. Dim sŵn; roedd melltith wedi disgyn ar Rufain ac wylai'r torfeydd yn ddistaw. Yn y Campus Sceleratus arhosai cell fach iddi dan ddaear, gyda gwely, bwrdd, a bwyd a llyn am ychydig ddyddiau. Disgynnai hi ysgol i'r gell, a llusgid maen dros y twll a'i bentyrru â phridd. Roedd yn rhaid iddi farw am iddi halogi ei sancteiddrwydd: ond oherwydd ei sancteiddrwydd ni ellid ei lladd. Yr ateb i'r paradocs oedd ei chladdu'n fyw yn y modd arbennig hwn.

Roedd y Campus Sceleratus ger y Via XX Settembre, a chredir bod claddgell y Gwyryfon amhur dan y Via Goito – hwyrach inni gerdded drosti y noson gyntaf wrth fynd o'r Termini i'r Villa Florence.

Ar hyd y canrifoedd cyhuddwyd sawl Gwyryf o anniweirdeb: ac roedd angen gwyrth i'w phrofi'n ddieuog. Tua 234 CC, pan oedd yr Wyryf Claudia Quinta dan amheuaeth, rhedodd llong o Asia ar fanc tywod yn afon Tiber. Roedd yn cario cargo sanctaidd (delw rhyw dduw dwyreiniol), ond methodd holl ymdrechion pobl Rhufain â'i hail-lansio. Adferodd Claudia Quinta ei henw da trwy daflu ei gwregys dros bostyn blaen y llong a'i thynnu ar ei phen ei hun i ddŵr dwfn. Tri deg o flynyddoedd yn ddiweddarach, cafodd yr Wyryf Tuccia ddihangfa debyg trwy gario dŵr o'r Tiber i deml Vesta mewn rhidyll.

Yn amser yr ymerodron, nid oedd neb ond yr Ymherodr â'r gallu i gyhuddo Gwyryf. Ond os gwnaeth – efallai am reswm nad oedd a wnelai ddim â'i rhinwedd – roedd hi mewn sefyllfa echrydus, fel y gwelir yn achos y Brif Wyryf Cornelia, a gondemniwyd tua 90 OC gan yr Ymherodr Domitian. Ceir yr hanes mewn llythyr gan Plini'r Ieuaf (llygad-dyst i dranc yr Wyryf, mae'n ymddangos, fel y gwelsom ef eisoes yn dyst i echdoriad Vesuvius), oedd yn tosturio wrth Cornelia ond yn ddi-rym i'w helpu:

Roedd Domitian yn benderfynol o gladdu'n fyw Cornelia, y Brif Wyryf Vestalaidd, gan dybio y gallai siampl o'r fath ychwanegu at ogoniant ei oes ... Ar sail ei awdurdod fel Pontifex Maximus [pen offeiriad y Rhufeiniaid] – neu yn hytrach ei awdurdod fel unben atgas gyda phŵer dilyffethair – galwodd weddill yr offeiriaid i'w balas yn Alba a'i chondemnio am anniweirdeb yn ei habsenoldeb heb roi gwrandawiad iddi: anfadwaith nid llai na'r un yr honnai ei fod yn ei gosbi. Anfonwyd yr offeiriaid ar unwaith i gyflawni'r claddu a'r lladd. Codai hi ei dwylo i erfyn am achubiaeth yn awr ar Vesta, yn awr ar y duwiau eraill, ond yn amlach na dim llefai: "Sut gallai Caesar [Domitian] fy meddwl yn anniwair, ac yntau wedi ennill ei fuddugoliaethau tra oeddwn innau'n gweinyddu'r defodau sanctaidd?" ... Parhaodd i ddweud hyn nes cael ei harwain i'w chosb – a oedd hi'n euog ai peidio ni wn, ond golwg ddieuog oedd arni. At hynny, wrth iddi ddisgyn i'r gell danddaearol honno, glynodd ei gwisg mewn rhywbeth, a throdd i'w rhyddhau. Estynnodd y dienyddiwr [sef Domitian fel Pontifex Maximus] ei law i'w sadio, ond cipiodd hi ei hun ymaith yn swta, fel petai'n cilio, ag un ystum olaf o sancteiddrwydd, rhag derbyn y cyffyrddiad afiach hwnnw ar ei chorff pur a diwair. Cwrddodd â'i diwedd gyda phob urddas weddus.

Ganrif a chwarter yn ddiweddarach claddodd Caracalla, ymherodr gorffwyllach hyd yn oed na Domitian, holl goleg y Gwyryfon Vestalaidd yn fyw am "fethu â gwarchod eu morwyndod".

Daeth terfyn ar y Vestaliaid, fel ar holl grefydd draddodiadol Rhufain. Ar hyd y bedwaredd ganrif bu Cristnogaeth yn ennill tir ar draul paganiaeth. Yn 383 OC, dan yr Ymherodr Gratian, diddymwyd breintiau a gwaddolion y temlau paganaidd. Yn 391, dan Valentinian II, gwaharddwyd aberthau paganaidd. Yn 394 datgysegrwyd cwfaint Vesta gan Theodosius I – gwasgarwyd y Gwyryfon a diffoddwyd y fflam sanctaidd. Ac yn 410 anrheithiwyd Rhufain gan Alaric y Goth.

⇢⇠

Ac ymlaen â ni ... Tu allan i'r Carchar Mamertin gwelsom barti priodas, ar ôl seremoni yn un o'r eglwysi gerllaw: y briodferch mewn gwyn, un ferch fach mewn pinc llachar, pawb arall yn angladdol drwsiadus mewn du, glas tywyll a llwyd – gwŷr a gwragedd fel ei gilydd.

Du hefyd a wisgai cardotwyr niferus Rhufain, gan amlaf. Fan hyn gwelech fenyw'n gorwedd ar ei bol ar y pafin gydag un llaw'n estynedig; fan draw, dyn bach heb goesau yn sgrialu hyd lawr mewn troli fel hambwrdd ...

⇢⇠

Roedden ni'n dal eisiau gweld y Fontana di Trevi, ond cymerasom lwybr cwmpasog ati rywsut, yn crwydro strydoedd a sgwarau hynafol yng ngwyll yr hwyrddydd ... Buon ni tu allan i'r siop Pinocchio yn y Piazza Navona ... wrth yr obelisg ar gefn eliffant yn y Piazza della Minerva ... dan golofn Marcus Aurelius yn y Piazza Colonna ... Croeson ni'r Via del Corso ...

Roedd y Fontana di Trevi bron â llenwi *piazza* fach o hen adeiladau del. Yn gefnlen iddi safai palas clasurol gyda phileri, pilastrau, cerfluniau a rhesi o ffenestri tal. Wrth droed y palas tasgai dŵr y ffynnon i lyn gyda pharapet, a thorf o dwristiaid hwyrol yn hamddena o'i gwmpas ...

Golygfa fôr wedi'i llunio o farmor gwyn oedd y ffynnon, llawn creigiau artistaidd. Dangosai ddau was cyhyrog noethlymun ffwndrus yn ymdrechu i reoli dau farch ffroenwyllt rhusiog adeiniog a dynnai gawr urddasol mewn cerbyd ar lun cragen. O bob twll a chornel o'r marmor ffrydiai, llamsachai, byrlymai, ewynnai, pistyllai a rhaeadrai dŵr croyw yn ymgyrraedd am y llyn. Popeth yn afieithus a llawen, hyd yn oed y twristiaid ...

Yn ôl yr arysgrif, y Pab Clement XII a agorodd y Fontana di Trevi yn 1735. Ond, fel y gwelir, teyrnged i baganiaeth yw hi. Neptunus, duw'r môr, yw'r cawr; dau o'i feibion (Tritoniaid, gyda chynffon pysgodyn yn lle coesau) yw'r gweision; hipocampiaid (hanner ceffyl hanner morsarff) yw'r meirch. Paganaidd yw'r dŵr hyd yn oed, yn cyrraedd y ffynnon ar yr Aqua Virgo, acwedwct tanddaearol a grëwyd gan Marcus Agrippa yn 19 cc. Mwy paganaidd na dim yw'r darnau arian sy'n disgleirio yng ngwaelod y ffynnon: ffynnon *Three Coins in the Fountain*, wrth gwrs.

Dywedwyd rywdro bod gwerth 3,000 o ewros yn cael eu lluchio i'r ffynnon bob dydd, ac arferiad yr awdurdodau, mae'n ymddangos, yw eu casglu ar gyfer elusen leol. Ond penderfynodd llys barn nad yw'r arian, mewn gwirionedd, yn perthyn i neb, am fod y perchnogion wedi'i daflu ymaith, ac felly bod gan bawb gystal hawl i'w bysgota â phawb arall. Gwybodaeth ddefnyddiol, efallai, mewn argyfwng ...

Aethom am ginio i "La Breccia", *ristorante* mawr prysur ger y Porta Pia. Estroniaid oedd wrth y bwrdd nesaf atom – gwyddem hynny achos dywedodd un ohonynt wrth y gweinydd, "*Muy bien, muchas gracias!*", sy'n golygu "Da iawn, diolch yn fawr!" – ond yn Sbaeneg.

4. YMADAEL

TRANNOETH oedd ein diwrnod olaf yn Rhufain – llai na hanner diwrnod mewn gwirionedd. Ein cynllun oedd gweld y Grisiau Sbaenaidd a chael tamaid i'w fwyta yn y dref; yna cerdded gyda'n stwff o'r Villa Florence i'r Termini i ddal y bws i Ciampino, gan ymweld ar y ffordd â Baddonau Diocletian ac â murluniau Villa Livia yn y Palazzo Massimo.

Gwell dringo i lawr nag i fyny'r Grisiau Sbaenaidd, felly cawsom fws 62 i'r Palazzo Barberini a cherdded i ben y Grisiau ar hyd yr enwog Via Veneto, yn gyforiog o *boutiques* drudfawr, caffes crand a gwestyau pum-seren. Roedd y Grisiau Sbaenaidd yn bert iawn – yn llydan a golau, gydag eglwys fawreddog uwchben a thwristiaid hafaidd ymhobman – felly pan ddaethom i'r gwaelod es i dynnu llun, gan adael fy ngwraig yn eistedd ar stepen.

Pan ddes i'n ôl, ymhen munud a hanner efallai, roedd hi eisoes yn sgwrsio â hen gwpwl siriol o Awstralia, ac yn gwybod bod ganddynt wyth o blant, pump ar hugain o wyrion ac wyresau, a nifer amhendant o orwyrion a gorwyresau.

Roedd y ddau'n amlwg yn nofio mewn arian: yn byw yn Melbourne ond yn gaeafu yn eu tŷ arall yn Surfers Paradise, ac yn dod i Ewrop bob blwyddyn. Yfory bydden nhw'n ymuno â llong griwsio Americanaidd yn Genova.

"Llongau Americanaidd sy orau," meddai fe. "Mae'r safonau'n uwch achos bod Americanwyr mor hoff o gwyno."

Roedden nhw wedi bod sawl tro o'r blaen i Rufain. "Mae eisiau dau ddiwrnod i'w gweld," meddai hi.

Awgrymais fod Rhufain yn teimlo'n ddinas ddiogel, ddim fel Prâg neu Madrid, achos doeddech chi ddim yn disgwyl bob munud i rywun eich mygio.

"Mae 'na gangiau o ladron o gwmpas y Colosseum," meddai fe. "Bois ifanc heini, does gennych chi ddim gobaith o'u dal nhw ... Faswn i ddim eisiau eu dal nhw chwaith."

"Cawson ni ddarlith ar long griwsio am berygl lladron," meddai hi. "Pigwr pocedi wedi ymddeol oedd yn darlithio. Pan orffennodd, torchodd ei lawes – roedd ganddo lond braich o watsys a ddygodd tra oedd yn sgwrsio, heb i neb sylwi."

Dywedais fod dros fil o eglwysi yn Rhufain, ond wedi gweld un, roeddech chi wedi gweld y cyfan.

"Peidiwch â dirmygu eglwysi," meddai fe. "Maen nhw'n lleoedd campus i fynd i orffwys eich traed."

Cymaint o syniadau mewn cyn lleied o amser!

⟫⟪

Aethom i gerdded ymhlith strydoedd bach yr ardal – rhai cul a throellog, gydag adeiladau tal oedrannus a dim ond rhuban o awyr las rhwng y bargodion pell. Fan hyn byddai eglwys, fan draw *palazzo*, ac ymhobman roedd mân siopau a gweithdai, a'u perchnogion yn hofran rhwng y cownter a'r pafin – trwswyr ceir a charpedi a dillad, gwerthwyr gemwaith neu lestri neu lysiau neu fara. Roedd morthwylion yn clecian, gwragedd yn clebran, plant yn rhedeg, dynion penderfynol yn gweu trwy'r sefyllwyr, a rhyw si cyffredinol o brysurdeb llon. Rhywbeth fel hyn fyddai Rhufain Hynafol, roeddwn i'n tybio – ar wahân i'r eglwysi a'r rhengoedd du o feiciau modur yn aros am eu meistri a meistresi erbyn diwedd prynhawn.

Daethom i'r Piazza Farnese ger afon Tiber. Roedd yn llawn adeiladau hardd, a'r harddaf un oedd y Palazzo Farnese, a lenwai un ochr gyfan iddi. Cychwynnwyd y *palazzo* yn 1515 gan y Cardinal Alessandro Farnese, a ddaeth wedyn yn Bab Paul III, ac fe ddyluniwyd gan Michelangelo ac eraill gyda ffasâd cymesur mawreddog o ffenestri cain. Dyna'r *palazzo* Dadeni godidocaf a welsom yn Rhufain, ac uwchben y porth cyhwfanai baner drilliw – glas, gwyn, coch. Llysgenhadaeth Ffrainc oedd hi – gwahanol iawn i'r un Brydeinig a welsom gynnau.

Yn sydyn, yr ochr draw i'r *piazza*, dechreuodd adeilad *siglo*! – y ffenestri, caeadau'r ffenestri, y balconi, hyd yn oed cysgod y balconi, i gyd yn crynu fel golch ar lein ddillad ... Roedd gweithwyr wrthi'n ei atgyweirio ac wedi cuddio'r ffasâd cyfan nid â tharpolin plaen ond â llun cynfas manwl o'r adeilad ei hun. Oni bai am chwa o wynt fuasen ni ddim wedi sylwi ...

Y *piazza* nesaf at y Piazza Farnese oedd y Campo de' Fiori, gyda marchnad awyr agored a thorfeydd heulog ar grwydr. Roedd y stondinau blodau'n llachar gan holl liwiau canol Mai. Ar ganol y *piazza* safai clamp o gofeb i'r athronydd Giordano Bruno, a gafwyd yn euog o heresïau dychrynllyd, megis dadlau bod y ddaear yn cylchu'r haul. Difyrrwch y dorf ar 17 Chwefror 1600 oedd gwylio ei ddinoethi a'i losgi'n fyw wrth stanc yn y Campo de' Fiori, ar orchymyn y Pab Clement VIII. Ychydig flynyddoedd yn ôl mynegodd y Pab Ioan Paul II ei "edifeirwch dwfn" am y digwyddiad.

Ond roedd amser yn hedfan ... Gwell inni ohirio'r pryd o fwyd efallai, a mynd yn syth yn ôl i'r gwesty ... Aethom i'r Corso Vittorio Emanuele II i ddal bws 62 i'r Via Nomentana.

Aeth ugain munud heibio cyn i'r 62 gyrraedd. Wrth ddringo iddo, cafodd fy ngwraig ysbrydoliaeth.

"Via Nomentana?" gofynnodd i'r gyrrwr.

"Nage, dwi'n mynd i'r Vatican!"

Buom yn ceisio mynd i'r cyfeiriad anghywir ... a doedd dim amser i aros am 62 i'r cyfeiriad iawn. Dechreusom gerdded i'r Piazza Venezia i ddal y 60.

Ond roedd y Corso Vittorio Emanuele II yn hir, a'r cloc yn tician, a'r Piazza Venezia yn bell. Yn y Piazza del Gesù gwelsom dacsi, a'i chwifio i mewn.

"Villa Florence!"

Ac i ffwrdd â ni ... Ond toc gwelais y Palazzo Barberini, yna roedden ni'n dringo'r Via Veneto. Dechreuais amau ein bod yn mynd y ffordd hir – gall hynny ddigwydd i estroniaid.

"Rydyn ni mewn brys!" meddwn wrth y gyrrwr.

"Mae'r traffig yn Rhufain yn ddychrynllyd," atebodd.

Yn sydyn diflannon ni i ddinas danddaearol. Agorai twneli i'r chwith a'r dde, chwyrlïai ffrydiau o geir heibio trwy'r tywyllwch. Pan ddaethom i olau dydd eto, roedden ni ar y Via Nomentana.

Doedd dim hast wedi'r cyfan! Ond doedd dim amser i oedi chwaith. Rhaid anghofio am Faddonau Diocletian a'r Palazzo Massimo. Cawsom ein paciau o lobi'r gwesty, a dacw fws i'r Termini yn stopio gyferbyn, ac yn y man roedden ni ar ein ffordd i Ciampino.